Validando o psicodrama

CIP-BRASIL. CATALOGAÇÃO NA PUBLICAÇÃO
SINDICATO NACIONAL DOS EDITORES DE LIVROS, RJ

G98v
   Guimarães, Sérgio
     Validando o psicodrama : a curiosidade e o sistema moreniano / Sérgio Guimarães. - 1. ed. - São Paulo : Ágora, 2024.
     184 p. ; 21 cm.
   Inclui bibliografia

   ISBN 978-85-7183-332-6
   1. Psicodrama. I. Título.

24-92652   CDD: 616.891523
                                                              CDD: 615.851

Gabriela Faray Ferreira Lopes - Bibliotecária - CRB-7/6643

www.editoraagora.com.br

EDITORA AFILIADA

Compre em lugar de fotocopiar. Cada real que você dá por um livro recompensa seus autores e os convida a produzir mais sobre o tema; incentiva seus editores a encomendar, traduzir e publicar outras obras sobre o assunto; e paga aos livreiros por estocar e levar até você livros para a sua informação e o seu entretenimento.

    Cada real que você dá pela fotocópia não autorizada de um livro financia o crime e ajuda a matar a produção intelectual de seu país.

Validando o psicodrama

A CURIOSIDADE E O SISTEMA MORENIANO

SÉRGIO GUIMARÃES

EDITORA
ÁGORA

VALIDANDO O PSICODRAMA
A curiosidade e o sistema moreniano
Copyright © 2024 by Sérgio Guimarães
Direitos desta edição reservados por Summus Editorial

Editora executiva: **Soraia Bini Cury**
Preparação: **Michelle Campos**
Revisão: **Samara dos Santos Reis**
Capa: **Alberto Mateus**
Projeto gráfico: **Crayon Editorial**
Diagramação: **Natalia Aranda**

Editora Ágora
Departamento editorial
Rua Itapicuru, 613 – 7º andar
05006-000 – São Paulo – SP
Fone: (11) 3872-3322
http://www.editoraagora.com.br
e-mail: agora@editoraagora.com.br

Atendimento ao consumidor
Summus Editorial
Fone: (11) 3865-9890

Vendas por atacado
Fone: (11) 3873-8638
e-mail: vendas@summus.com.br

Impresso no Brasil

Sumário

INTRODUÇÃO — AFINAL, O PSICODRAMA VALE MESMO
QUANTO PESA?..7

1. DE BEACON PARA O MUNDO: VALIDAR, SIM, MAS
PRIMEIRO DIFUNDIR.......................................15

2. VALIDAR O PSICODRAMA, COMO? "OS DOIS MÉTODOS
PODEM SER COMBINADOS"..................................33

3. VALIDANDO A *AUTOBIOGRAFIA DE UM GÊNIO*: ATÉ QUE PONTO?.....61
Prefácio..69
Introdução — Autobiografia de 160 milhões de gênios...........69
O porquê da palavra "gênio" no título.........................70
Definição de gênio..72
Reflexões sobre gênio.......................................73
Período de transição..74
A origem da culpa...76
A história do dinheiro......................................78
Dinheiro nos Estados Unidos.................................79
Pré-diálogo I, parte 1 — As palavras cósmicas................80
Pós-diálogo I, parte 2 — O Deus "Tu".........................82
Sobre o existencialismo.....................................83
Resistência ao psicodrama...................................84
A neurose histriônica de Eleonora Duse......................84

A "síndrome histriônica" 86
1925, o novo mundo 86
Sobre o Pai 87
Dr. Bruno Solby, diretor de psicodrama 89
Dos 14 aos 24 anos, "a época clássica" 91
O caso do soldado que ouvia a voz de Deus 94
O caso de Hilda 97
O caso do ladrãozinho 100
A noite em que tentei colocar Freud no divã alucinatório 104
1969: o reencontro com Marian 109
Uma palavra nova 111
Cinco parágrafos discutíveis 113
Epílogo — O amadurecimento do psicodrama
  e a morte do seu criador 118

4. ATENÇÃO À CURIOSIDADE: O TERCEIRO FATOR? 129

REFERÊNCIAS 173

Introdução
Afinal, o psicodrama vale mesmo quanto pesa?

Atendendo a pedidos, garanto: desta vez vai ser um livro fino.

— *Leve, finíssimo?*

— Nem tanto, caro mestre. Aliás, recorrendo a um deles, basta consultar mestre Houaiss (2009, p. 1919) para que a gente logo se dê conta do desafio. Em ordem alfabética, é só começar por:

> **Valer** — corresponder em valor a; equivaler; custar; fazer jus a, ser digno de, merecer; ser digno de apreço, de valorização; ter valor, crédito, validade ou eficácia; ter utilidade; aproveitar, servir; prestar auxílio, socorrer, ajudar; mostrar-se capaz de; conseguir;

— E olha que nem estou incluindo todas as acepções. Tem mais:

> **Valia** — aquilo que uma coisa vale, seja como valor intrínseco (decorrente de sua natureza, da substância de que é feita etc.), ou extrínseco (decorrente de estimativas subjetivas, de práticas de mercado etc.); preço, valor; utilização proveitosa de algo ou alguém; utilidade, serventia, eficácia, validade; proteção que se dispensa a algo ou alguém;

Validação — ato ou efeito de validar, de tornar ou declarar algo válido, legítimo; validamento; teste que comprova a validade, a correção ou concordância com padrões etc., de dados introduzidos num sistema de computador; legitimação de um ato de acordo com as determinações legais, que o torna juridicamente eficaz, ou capaz de produzir efeitos de direito;

Validade — qualidade ou condição de algo que se encontra em condições de produzir os efeitos dele esperados; valimento; valia; característica presente no ato jurídico que não possui nenhuma causa de nulidade, que foi concluído com observância de todas as determinações e formalidades exigidas por lei;

Validar — tornar(-se) ou declarar(-se) válido, conforme aos preceitos vigentes; legitimar(-se).

— Bom assim, ou quer mais?

— *Melhor não, que pode ter gente desistindo logo de entrada. Não você, claro, mas quem sabe aquela ou aquele ali.*

O fato é que esse tema não tem merecido grande atenção, pelo menos na literatura especializada do país. Se você fizer uma consulta ao conjunto de artigos publicados pela *Revista Brasileira de Psicodrama*, por exemplo, verá que esses termos trazem poucos resultados.

Em um deles, "A integração da herança de Moreno", o pesquisador e autor René Marineau (2013, p. 122), reconhece que "precisamos desenvolver instrumentos, ferramentas para validação do nosso trabalho". Ele insiste que, "se a perspectiva moreniana é a de ajudar, precisará garantir um conhecimento de todas as fontes, explicar seu raciocínio, validar através de muita pesquisa e traduzi-la em métodos adaptados a este século".

— *Muito bem, mas quem vai fazer isso?*

Este livro traz uma primeira abordagem do assunto, a partir do próprio Jacob Levy Moreno. Ele não só insistiu nisso, mas apresentou claramente sua visão a respeito ao publicar, em 1968, um artigo — curto, é verdade, mas incisivo — sobre "a validade do psicodrama". É o que aparece no segundo capítulo.

No primeiro, "De Beacon para o mundo: validar, sim, mas primeiro difundir", trato de resumir os esforços feitos pelos Moreno (Zerka e ele) para disseminar o novo método, uma vez terminada a construção do "sistema geral dos métodos psicodramáticos". Foi assim que Moreno passou a chamar o sistema por ele montado com a ajuda de Zerka, como já tive a oportunidade de contar em *Moreno, o mestre* (Guimarães, 2020, p. 289).

Já no segundo capítulo, "Validar o psicodrama, como? 'Os dois métodos podem ser combinados'", o que se vê internacionalmente é que não faltam trabalhos apreciando processos e resultados. O próprio Moreno (1968b) aponta dois modos distintos de validar o psicodrama: o recurso a uma validação "existencial", que deve ser separada "definitivamente" de uma validação "científica" (p. 3).

É verdade que a posição de Moreno foi sucinta, resumida a um palmo de página. Em compensação, o professor estadunidense John Mann se sobressai pela compilação publicada dois anos antes de Moreno, em seu artigo "Avaliação da psicoterapia de grupo — Uma revisão das evidências" (1966). Nele, Mann reconhece que, no campo da psicoterapia de grupo, a avaliação científica tinha sido "em grande parte descuidada", mas sustenta que "um *corpus* importante de pesquisas avaliativas se acumulou", listando 41 estudos, cinco dos quais relacionados à "psicoterapia de grupo psicodramática" (p. 129-130).

O que aparece no terceiro capítulo é a tentativa de esclarecer os desdobramentos de uma história mal contada. O que há de realidade objetiva no último esforço de Moreno para colocar no papel sua *Autobiografia de um gênio*? E de realidade suplementar, há algo? Com certeza, mas o quê? Tudo bem com essa versão publicada finalmente em 2019? Veremos. Já sabemos que, por ocasião do centenário oficial do nascimento dele, em 1989, uma versão abreviada da *Autobiografia de J. L. Moreno, médico* tinha sido publicada em dois números distintos (primavera e verão) do periódico *Journal of Group Psychotherapy, Psychodrama & Sociometry* [Revista de Psicoterapia de Grupo, Psicodrama e Sociometria].

— *E daí, qual é o problema?*

Acontece que o tempo foi passando e só chegava ao público a versão abreviada. Vinte e três anos depois, ao me debruçar sobre esse material — durante o período em que pesquisava psicodrama para uma tese de doutorado —, fui comparando esse texto com o que o biógrafo René Marineau havia utilizado em seus livros. Aí me dei conta de que as fontes citadas por ele para a autobiografia indicavam uma versão editada por Jonathan Moreno em 1985, supostamente depositada nos arquivos da biblioteca Francis Countway, da Faculdade de Medicina da Universidade Harvard.

O porém: a versão de 1985 não estava onde deveria estar, o que me fez ficar pelo menos com uma pulga atrás de cada orelha. O que acabei descobrindo é que, como diz o povo, tinha carne debaixo desse angu, e o trabalho de validação da *Autobiografia de um gênio* teve de ser feito como quem cata piolho. O fio todo dessa meada você vai encontrar no Capítulo 3, onde apresento também uma série de textos inéditos do próprio Moreno, não incluídos na edição de 2019. Entre eles estão, por exemplo, o elucidativo "Resistência ao psicodrama", "O caso do soldado que ouvia a voz de Deus" e o delirante "A noite em que tentei colocar Freud no divã alucinatório".

Quanto ao Capítulo 4, "Atenção à curiosidade: o terceiro fator?", começa e termina com uma pergunta básica, a ser dirigida psicodramaticamente ao próprio criador do psicodrama moderno. Digo "criador do psicodrama moderno" e não apenas "criador do psicodrama" por uma razão concreta. É que, como eu já tinha tido a oportunidade de demonstrar em *Moreno, o mestre*, antes do nascimento dele já se havia praticado na Alemanha um outro tipo de psicodrama. Esse gênero artístico — situado entre a literatura e o teatro — fora criado por um tal Richard von Meerheimb, que chegou a publicar, já em 1888, *Psychodramen*, um livro com essa palavra no título (Guimarães, 2020, p. 31-43). Esse quarto capítulo levanta a hipótese de que o fenômeno da curiosidade seja considerado um terceiro fator do sistema moreniano, juntamente com as já profusamente badaladas espontaneidade e criatividade, atuando também como catalisador do processo psicodramático. Além de constatar a escassez de trabalhos produzidos a respeito pela literatura especializada e de analisá-los brevemente, fui procurar na história o desenvolvimento desse fenômeno. É inegável, por um lado, a insistência de vários pensadores, sobretudo intelectuais da Igreja Católica, quanto aos aspectos negativos associados a esse "apetite de saber", como quer santo Agostinho, ou a esse "estudo para esquadrinhar o que sabemos, sem qualquer utilidade", como define santo Anselmo.

Já em tempos mais modernos, fui buscar, tanto em Sigmund Freud como em Jean Piaget, elementos concretos que dão valor a *Wißbegierde* (Freud, 1909) — que o dicionário *Langenscheidt* (2002) traduz como "desejo de saber" — ou ao estudo dos porquês, quando Piaget (1923a, p. 155-156) procura distinguir, por exemplo, "o que é ocasional do que é duradouro na curiosidade de uma criança".

Além de investigar, na literatura moderna sobre uma psicologia da curiosidade, os trabalhos-chave desenvolvidos sobretudo pelo canadense Daniel Berlyne e pelo estadunidense George Loewenstein, procurei detectar as principais contribuições oferecidas pelos pesquisadores dedicados à psicologia animal. É o caso, por exemplo, do polonês Wojciech Pisula, não apenas por recuperar os achados de Charles Darwin, por ele considerado o primeiro zoopsicólogo, mas ainda por seus estudos sobre o fenômeno, constatando que "curiosidade, brincadeira e inteligência juntas formam uma tríade indissociável na evolução dos vertebrados" (Pisula, 2009, p. 13). É esse autor, aliás, quem faz uma análise crítica a um ponto fundamental das pesquisas sobre a curiosidade, ao questionar a lógica da neofobia (o medo da novidade) e da neofilia (atração pela novidade) como "extremos opostos da mesma dimensão/processo".

Não vou aqui desbobinar a história toda, mas cabe apontar nesses trabalhos o fio condutor que leva da psicologia animal à psicologia positiva formulada por Todd Kashdan (2010) a respeito da curiosidade. É dele a afirmação sobre a existência de "uma linha narrativa simples de como a curiosidade é o motor do crescimento" (p. 21).

— "E aí, dr. Moreno, alguma observação a esse respeito?"

A pergunta é feita ao formulador da célebre definição de espontaneidade, dada por ele em sua obra-prima *Quem sobreviverá?* (1953) como "o grau variável de resposta apropriado a uma situação de grau variável de novidade" (p. 722). E quem responde é o jovem J. Levy, relembrando um verso do primeiro poema homônimo de seu livreto *Einladung zu einer Begegnung* [Convite para um encontro], publicado na Viena de 1914: "Uma resposta produz cem perguntas" (Levy, 2014, p. 7).

É melhor dar uma olhada mais detida nesse capítulo final, para termos uma ideia clara de como chegamos, curiosamente, de volta a Jacob Levy. Cabe informar ainda que, com este livrinho, fecho o ciclo de uma trilogia iniciada em *Moreno, o mestre* (2020), desenvolvida em *O psicodrama antes e depois de Moreno* (2022) e arrematada com este *Validando o psicodrama*. E mais não digo, por enquanto, a não ser se perguntado.

1. De Beacon para o mundo: validar, sim, mas primeiro difundir

Quando Zerka T. Moreno publica o artigo "A survey of psychodramatic techniques" [Um levantamento das técnicas psicodramáticas], em 1959, a pedido do dr. Jacob Levy Moreno, seu parceiro, o desenvolvimento conceitual do psicodrama estava chegando a seu ponto culminante, como filosofia e método de ação. Como já tive a oportunidade de mencionar em *Moreno, o mestre* (Guimarães, 2020, p. 290), Zerka (1959, p. 14)[1] aí observa que "o número de aplicações do método psicodramático é praticamente ilimitado, ainda que o núcleo do método permaneça inalterado".

Mesmo assim, seis anos depois, ela publica um último artigo normativo, "Psychodramatic rules, techniques, and adjunctive methods" [Regras, técnicas psicodramáticas e métodos auxiliares]. A essa altura, já não resta dúvida de que o desenvolvimento do psicodrama estava praticamente consolidado. A partir dali, como comentei naquele livro, "as mudanças sugeridas por Moreno e Zerka não alterarão substancialmente a teoria ou os procedimentos práticos do psicodrama" (Guimarães, 2020, p. 293).

No último parágrafo desse artigo de 1965, aliás, Zerka formula uma "questão importante que ainda precisa ser respondida",

---

1. Como o autor muitas vezes se refere a Zerka sem citar seu sobrenome, faremos o mesmo nas citações bibliográficas. Manteremos a data da publicação, para que esta possa ser localizada nas Referências, sob a rubrica Moreno, Z. T. [N. E.]

referindo-se a uma avaliação científica: "Com ou sem psicoterapia de grupo, além dos relatos subjetivos dos terapeutas e de seus pacientes, o psicodrama produz mudanças de comportamento?" Sua resposta é que, segundo John Mann, 41 estudos comprovaram que sim, "ocorrem mudanças fundamentais no comportamento" (p. 86). Isso é o que veremos no próximo capítulo.

Por enquanto, é importante ter uma ideia geral, mesmo que incompleta, do trabalho de difusão efetuado pelos Moreno. Na verdade, o primeiro passo para a disseminação do método, conta o psiquiatra, se dá "no outono de 1939", quando chega a Beacon uma equipe de profissionais do hospital de Washington D.C. "para ver o teatro psicodramático em ação, já que um estabelecimento similar estava sendo planejado para o St. Elizabeths". Segundo o médico, em 8 de junho de 1941 se inaugurou oficialmente ali um teatro de psicodrama (Moreno, 1953, p. lxxvii), que Marineau (1995, p. 84) afirma ter sido "o primeiro hospital público que construiu um teatro dessa natureza".

Comenta também o biógrafo que "não demorou muito, em especial pelo grande número de vítimas da guerra necessitadas de tratamento, para que o psicodrama se implementasse em hospitais e universidades em todos os Estados Unidos". Além disso, informa Marineau, "muito rapidamente os palcos para psicodrama se tornaram parte insubstituível da maioria dos departamentos de psiquiatria dos hospitais e dos claustros de psicologia" (p. 185). Em outubro de 1949, por exemplo, o psicólogo Henry Murray, diretor do departamento de psicologia clínica da Universidade Harvard, inaugura, com a presença de Moreno, o teatro de psicodrama dessa instituição, reconhecendo sua "grande contribuição para a ciência das relações sociais" (Moreno, 1955, p. 81).

Por outro lado, em seu livro de memórias *To dream again*, Zerka (2012, p. 317) conta que "em 1947 Moreno foi convidado pelo professor Carl Rogers para fazer uma demonstração de seu trabalho na universidade de Chicago". Na sequência, a estudante de Rogers que tinha sido a protagonista publicou o relato de sua experiência no artigo "Psychodrama explores a private world" [O psicodrama explora um mundo privado] na revista *Sociatry* (MacDonald, 1947).

No período de 1946-1948, Zerka Toeman registra que o psicodrama começa a ser aplicado nos hospitais oficiais da Administração dos Veteranos, mencionando especificamente West Brentwood, Los Angeles; Lyons, Nova Jersey; e Little Rock, Arkansas, entre outras localidades (Toeman, 1949, p. 259). Efetivamente, em sua *A historical chronology of group psychotherapy and psychodrama* [Uma cronologia histórica da psicoterapia de grupo e do psicodrama], o psiquiatra e psicodramatista Adam Blatner (2007) confirma que, em 1946, o então diretor geral de saúde pública dos Estados Unidos tinha instituído "uma política para fazer da psicoterapia de grupo a principal forma de tratamento psiquiátrico nos hospitais da Administração dos Veteranos".

A partir de 1947, por outro lado, começa a circular a revista *Group Psychotherapy*, também criada por Moreno, como órgão oficial da Sociedade Estadunidense de Psicoterapia de Grupo e Psicodrama (ASGPP, sigla em inglês). Nesse mesmo ano, curiosamente, o psiquiatra e psicanalista Jacques Lacan publica seu relato sobre uma visita feita a um centro de atenção a ex-prisioneiros de guerra e ex-combatentes, perto de Londres (Guimarães, 2020, p. 109), afirmando que, segundo o responsável entrevistado, "o método do tratamento que motivava o centro se inspirava completamente nos princípios do psicodrama de Moreno" (Lacan, 2016, p. 130), o que confirma o uso do método em território britânico.

Depois de ter estudado com Moreno em Nova York e em Washington D.C., em 1946, a psicóloga francesa Mireille Monod publica em 1948 o artigo "First French experience with psychodrama" [Primeira experiência francesa com o psicodrama] na revista *Sociatry*, informando sobre o tratamento de 41 crianças no Centro Claude Bernard de Paris, "entre novembro de 1946 e julho de 1947". Monod afirma também que uma experiência similar foi realizada "no norte da França" (p. 400).

Já em seu livro de memórias, Zerka Moreno (2012, p. 313) comenta:

> Entre os maiores temores iniciais de Moreno estava o de não deixar nenhum seguidor. Colegas ainda acreditavam que apenas Moreno poderia fazer psicodrama de maneira efetiva, que se tratava de sua própria magia produzindo os resultados de que eram testemunhas. Sem dúvida, se fosse esse o caso, ele teria de fato morrido sem seguidores. Mas ele sabia que era o contrário. O que precisávamos provar era que isso não era apenas uma sacola de truques, mas um método que poderia ser transmitido.

Em 1948, informa a autora, Moreno planejou uma vivência (*workshop*) "que fosse além de meras conferências e demonstrações", isto é, que envolvesse ativamente os participantes "por meio de testes de espontaneidade, provas sociométricas e psicodrama, ao mesmo tempo como protagonistas e egos auxiliares". Ela conta que o primeiro evento de três dias ocorreu durante um fim de semana, com a presença de representantes "de todas as profissões de auxílio", ou seja, psiquiatras, psicólogos, sociólogos, ministros protestantes, enfermeiras e assistentes sociais. A partir dos resultados positivos obtidos, as vivências em Beacon passaram a ser programadas regularmente: "A capacitação dos estudantes tornou-se um foco importante de nosso trabalho. De 1951 em diante, conduzi grande parte do programa" (p. 301-313).

Nesse ano começam as viagens ao exterior. Zerka informa que em Londres o casal se encontrou com os psiquiatras "S.

H. Foulkes, Joshua Bierer, Maxwell Jones e o pessoal da clínica Tavistock" (p. 313), e que Moreno aproveitou sua passagem por Paris para formar o Comitê Internacional de Psicoterapia de Grupo, com representantes dos três países (Estados Unidos, França e Inglaterra). Essa organização passaria a ser o Conselho Internacional de Psicoterapia de Grupo e ficaria a cargo dos congressos internacionais de psicoterapia de grupo: o I em Toronto (1954), o II em Zurique (1957), o III em Milão (1963), o IV em Viena (1968), e o V em Zurique (1973). É a partir de 1973, acrescenta Zerka, que passa a existir a Associação Internacional de Psicoterapia de Grupo (IAGP, na sigla em inglês), "última ideia original de Moreno" (p. 312). A propósito, meses antes daquela viagem de 1951, dois artigos de Moreno já tinham sido publicados na revista *Les Temps Modernes* [Os Tempos Modernos], sob a direção do filósofo francês Jean-Paul Sartre (Moreno, 1950).

Na segunda turnê dos Moreno pela Europa, em 1954, além de Inglaterra e França, o itinerário incluiu Alemanha, Suíça, Áustria e Itália, o que "assentou as bases para as conexões com uma série de representantes desses países", sempre segundo Zerka. "Onde quer que fôssemos, Moreno fazia contatos com a comunidade internacional, não só com os terapeutas". Em Paris, comenta, "dessa vez nosso anfitrião foi Jacques Lacan, que entabulou com Moreno uma discussão sobre a filosofia alemã, a antiga e a nova, especialmente Heidegger e Jaspers". Além disso, informa Zerka, vários psiquiatras de crianças, "incluindo Serge Lebovici, Daniel Diatkin e outros", tinham começado a utilizar psicodrama com seus pacientes, "analisando-os com base no material assim obtido" (p. 350-351). Já na cidade de Lindau, ela comenta que participaram do primeiro congresso de psiquiatria em território alemão "desde os dias de Hitler e da guerra", o que marcou o início do desenvolvimento do método "tanto na Alemanha como na Áustria e em outros países do continente" (p. 352).

Apesar de a turnê de 1958 pela Europa ter sido planejada por ambos, conta Zerka, com a cirurgia de amputação de seu braço e ombro direito por um raro tipo de câncer ósseo, Moreno teve de viajar sozinho: Espanha, Itália, Iugoslávia, Grécia, Turquia e Israel. Segundo o que o psiquiatra lhe informou depois, em Atenas ele abriu a sessão declarando que "o drama está aqui, mas a psique ficou em casa" (p. 370). Quinze anos depois, em sua autobiografia, Moreno (1974, p. 34) confessará que então teve "uma sensação de impotência e desespero que chegou perto do ódio a mim mesmo. Meu conhecimento médico e meu jogo de ser Deus não ajudaram em absoluto", concluindo: "Com a doença de Zerka, tivemos o reverso de quem brinca de ser Deus — a humildade" (p. 37).

Sem manifestar maior preocupação de natureza ideológica, em janeiro de 1960 os Moreno levam o psicodrama a Cuba, por ocasião de um congresso de neurologia e psiquiatria, organizado em coordenação com a Associação Psiquiátrica Estadunidense: "Fidel Castro tinha sido recentemente instalado" (Moreno, Z. T., 2012, p. 380). Meses depois, é a vez da Tchecoslováquia e, em seguida, Rússia e Polônia. No entanto, a visita a Moscou mais uma vez esteve relacionada ao interesse soviético pela sociometria, que, diz Zerka, era motivado por "uma razão prática: aumentar a produtividade industrial" (p. 393). Segundo seu biógrafo, "Moreno visitou o Instituto Psicológico e a Academia de Ciência Médica de Moscou e os Institutos Bechterev e Pavlov, em Leningrado" (Marineau, 1992, p. 155).

Marineau comenta também que, durante a estadia em Moscou, Moreno sugeriu que, "para o advento da paz, os líderes russo e estadunidense, respectivamente Kruchev e Eisenhower, deveriam inverter papéis". O biógrafo acrescenta que Moreno "fez essa sugestão em muitas ocasiões", afirmando que, durante a guerra do Vietnã, por exemplo, Moreno "também ofereceu ajuda ao presidente Lyndon Johnson" (p. 155). Jonathan Moreno o confirma, comentando que em 1965 seu pai havia se oferecido "para dirigir um psicodrama com inversão de papéis entre o presidente e o líder norte vietnamita Ho Chi Minh". Ele acrescenta, no entanto, que a proposta foi "recebida com uma resposta gélida pelo secretário de imprensa da presidência, Bill Moyers" (J. D. Moreno, 2016, p. 147). Efetivamente, os arquivos de Harvard documentam tanto o intercâmbio de cartas (Moreno, 1967) como o artigo que Moreno (1960) escreveu ao regressar da Rússia:

> Nós, psiquiatras, deveríamos ser os primeiros a abrir os braços e começar o caminho da cooperação científica internacional. Cooperação científica internacional quer dizer intercâmbio das melhores ideias e métodos desenvolvidos no leste e no oeste, o quanto possível livre de preconceitos ideológicos e tendências nacionais, no espírito de uma verdadeira apreciação mútua. Por meio do conhecimento pessoal, deveríamos compartilhar nossas experiências e aprender os elementos básicos do idioma do outro. Deveríamos tentar compreender e respeitar tanto as semelhanças como as diferenças nos fundamentos da psiquiatria estadunidense e soviética.

◆

Os anos 1960 vão se caracterizar por uma sequência de eventos internacionais. Zerka (2012, p. 396) informa que no verão de 1961 Moreno foi sozinho à Europa para participar de congressos internacionais de psiquiatria, "um dos quais em Viena", e que, em 1963, a Academia Moreno (novo nome para o instituto de Nova York) organizou uma conferência de um dia, antes da conferência do Conselho Internacional de Psicoterapia de Grupo em Milão (de fato, seu terceiro congresso). Durante esse encontro, Moreno anuncia de surpresa a realização do Primeiro Congresso

Internacional de Psicodrama em Paris para o ano seguinte: "O evento de Paris foi uma grande oportunidade para mostrar a obra de J. L.", comenta Zerka (p. 397). E é na Faculdade de Medicina da Universidade Sorbonne que a televisão francesa estatal (ORTF) realiza o filme em preto e branco "Uma demonstração de psicodrama por J. L. Moreno", em setembro de 1964. Trata-se de um dos raros documentos cinematográficos disponíveis, posteriormente reeditado em DVD como *Psicodrama de um casamento* (UQTR, 2003b).

A partir de então, Moreno participará dos vários congressos de psicodrama organizados durante a década: o segundo, em Barcelona, em 1966; o terceiro, em Baden (26 quilômetros ao sul de Viena), em 1968, inicialmente programado para Praga e transferido por causa da invasão soviética; e o quarto, em Buenos Aires, em 1969. Os Moreno estarão ausentes tanto do quinto, em São Paulo, em 1970, como do sétimo, em Tóquio, em 1972, mas participarão do sexto, realizado em Amsterdã, em 1971.

Um indicador importante para constatar os níveis de difusão das criações de Moreno em geral, e particularmente do método psicodramático, são as listas de correspondência do Instituto Moreno, disponíveis a partir dos anos 1950.

A título ilustrativo, por exemplo, um dos arquivos de Harvard revela endereços tanto nos Estados Unidos, no Havaí e em Porto Rico como em outros 61 países: África do Sul, Alemanha Ocidental, Alemanha Oriental, Argentina, Austrália, Áustria, Barbados, Bélgica, Birmânia, Bolívia, Brasil, Bulgária, Canadá, Ceilão (Sri Lanka), Chile, China, Colômbia, Coreia do Sul, Costa Rica, Cuba, Dinamarca, Equador, Egito, Espanha, Etiópia, Filipinas, Finlândia, França, Gana, Grécia, Haiti, Holanda, Hungria, Índia, Irã, Israel, Itália, Jamaica, Japão, Jordânia, Líbano, Marrocos, México, Noruega, Nova Zelândia, Paquistão, Panamá, Peru, Polônia, Portugal, Reino Unido, Romênia, Singapura,

Suécia, Suíça, Taiwan, Tchecoslováquia, Turquia, Venezuela, Vietnã e Iugoslávia.

Por outro lado, uma consulta à lista de estudantes e diretores de psicodrama formados pelo Instituto Moreno, com data de 1970, permite observar que, de um total de 799 nomes registrados, a maioria absoluta (750 participantes) é dos Estados Unidos, mas há representantes de outros 16 países: Canadá (18); França (8); Argentina (5); Brasil, Dinamarca, Holanda, Japão e México (2); e Austrália, Espanha, Índia, Israel, Itália, Jamaica, Singapura e Suécia (1).

Outras evidências dos esforços para disseminar as três áreas de ação, incluindo o psicodrama, podem também ser vistas na chamada "Coleção J. L. Moreno", aberta para consultas em Harvard desde maio de 1989. Na introdução ao relatório *An inventory of his correspondence, manuscripts and related materials* [Um inventário de sua correspondência, manuscritos e materiais relacionados], os responsáveis pela catalogação dos documentos afirmam que o grande número de interlocutores de Moreno encontrados nos papéis "revela uma rede sociométrica e um volume de conhecidos, no átomo social, que atravessam o planeta" (Kraus e Cluse, 1986, p. x). Com efeito, 1.740 nomes aparecem no índice do catálogo.

Organizados por Harvard em 158 caixas contendo 2.002 pastas, os documentos estão classificados tanto nacional como internacionalmente, outro indicador importante para caracterizar o alcance da difusão. Além do material relativo aos Estados Unidos e Porto Rico, há 40 países catalogados.

Além dos documentos em papel, os catalogadores da coleção Moreno chamam a atenção para filmes, fitas de áudio e discos fonográficos arquivados na biblioteca de Harvard, o que, segundo eles, "indica sua vontade de utilizar todos os meios de comunicação disponíveis para difundir seu evangelho" (p. x).

Entre esses materiais está o filme *Psychodrama in action* [Psicodrama em ação], produzido a partir de uma gravação feita em circuito fechado de televisão no hospital psiquiátrico de Camarillo, Califórnia, em maio de 1964. Segundo Zerka (1966, p. 151), "Moreno foi televisionado enquanto dirigia uma sessão de psicodrama com pacientes, e todos os pacientes assistiam de suas telas em toda a instituição". Como a produção tinha sido gravada em fita de vídeo, Zerka informa que os pacientes puderam assistir ao programa "semanalmente, em circuito fechado".

Entre os comentários feitos por Moreno durante o filme, editado por sua empresa Therapeutic Motion Pictures, vale a pena rever suas últimas declarações, que ilustram suas expectativas otimistas quanto ao uso dos meios massivos de comunicação:

> Estamos tentando fundar uma forma de psicoterapia de massas que seja um caminho no futuro. Tratar [separadamente] os indivíduos é economicamente impossível e tampouco, com frequência, indicado do ponto de vista de seu valor terapêutico. Ao tomar as massas em geral, mediante o uso dos meios de comunicação de massa, sobretudo a televisão, um novo caminho para a psicoterapia se abre. Se você viu o filme como psiquiatra, como médico, terá aprendido a dirigir as sessões você mesmo, em seu próprio hospital. Como estudantes, terão aprendido os métodos que utilizei nesse tipo de situação. E, como pacientes, podem ter tido uma quantidade enorme de aprendizados imediatos, intuitivos. [...] Começamos aqui o caminho de uma nova era da psicoterapia. O futuro nos mostrará como o cinema, a televisão, a entrevista, por meio do psicodrama, poderão se estabelecer em toda parte. E todo o problema da higiene mental nacional, que agora está no primeiro plano de nossa nação, pode estar em vias de ser resolvido. (UQTR, 2003a, 52'28"-53'59")

Numa tese apresentada em 2012 ao departamento de História da Ciência da Universidade Harvard, Graham Henry Lazar dedica um capítulo inteiro à "disseminação do psicodrama de 1967 a 1974" nos Estados Unidos, período marcado, segundo ele, "pela tensão racial, discriminação e desigualdade". Lazar (2012, p. 62) afirma que o psicodrama surgiu nesse período "como uma forma poderosa de diálogo social, capaz de navegar pela complexidade dessas questões e fomentar o entendimento entre comunidades e instituições fraturadas".

O pesquisador descreve, por um lado, o papel do Instituto Esalen, fundado em 1962 com o nome de "uma antiga civilização de estadunidenses originários", e então funcionando tanto como "um centro híbrido de estudos" para filósofos e cientistas sociais (Buckminster Fuller, B. B. Skinner, Carl Rogers e Timothy Leary), como colônia de artistas e músicos (George Harrison, Ravi Shankar, Joan Baez e Bob Dylan), e como retiro espiritual para milhares de estadunidenses" (p. 63). Segundo Lazar, o plano de estudos se estruturava em torno da obra de Fritz Perls e William Schutz, e "ambos tinham se apropriado dos princípios da prática do psicodrama de Moreno" (p. 68). O pesquisador informa também que Moreno e Zerka tinham inclusive dirigido ali um seminário de três dias em maio de 1967, mas que sua influência nas práticas terapêuticas do instituto permaneceu sem nenhum reconhecimento: "Nos três principais artigos que relatam a ascensão de Esalen, Moreno e seu projeto de psicodrama sequer foram mencionados" (p. 71).

Sobre isso, em 1969 Zerka aponta, no artigo "Moreneans — The heretics of yesterday are the orthodoxy of today" [Morenianos — os hereges de ontem são a ortodoxia de hoje], uma série de ideias de Moreno "originadas, iniciadas e disseminadas muito antes do nascimento da geração atual", observando que "os psicólogos não estão totalmente inconscientes dessas raízes". Zerka (2006) cita o exemplo de uma carta enviada pelo dr. Abraham Maslow aos editores da revista *Life*, publicada na edição de 2 de agosto de 1968. Nela, o conhecido psicólogo considera "excelente" uma matéria da jornalista Jane Howard "sobre Esalen e outros novos desenvolvimentos na educação e na psicologia", mas comenta que gostaria de acrescentar uma nota de rodapé de "crédito quando o crédito é devido", afirmando: "Muitas das técnicas enunciadas no artigo foram inventadas originalmente pelo dr. Jacob Moreno, que continua trabalhando com vigor e provavelmente ainda inventando novas técnicas e ideias" (Maslow, 1968, p. 15).

Lazar analisa também duas áreas cruciais para a sociedade estadunidense no período de 1967-1974, e o uso do psicodrama como recurso na busca de solução para os problemas detectados: a questão racial e a crise penitenciária. Quanto à primeira, uma nova crise se instala a partir do confronto entre a polícia e estudantes negros, que provocou a morte de um policial e resultou em vários estudantes e policiais feridos em maio de 1967, na Texas Southern University de Houston, primeira universidade pública negra daquele estado. As autoridades locais decidiram então montar um programa "com a esperança de reatar os laços entre a polícia e as comunidades marginalizadas". Segundo Lazar (2012, p. 76), esse programa "se deveu totalmente ao projeto intelectual de Moreno".

Com efeito, a revista *Ebony* (McLean, 1968, p. 78) anuncia em sua capa de outubro de 1968 o artigo "Psychotherapy for Houston police" [Psicoterapia para a polícia de Houston], descrevendo a experiência na qual "os psicólogos pontuam as discussões com atos especiais de terapia de grupo, inversão de papéis e psicodrama". Os resultados aparecem no *New York Times* de 16 de julho de 1968, informa também Lazar (2012, p. 76): "800 dos 1.400 membros da força policial de Houston se graduaram no programa, assim como 700 civis". No entanto, o nome de Moreno não aparece em lugar nenhum, embora Lazar considere que o programa de capacitação de Houston foi "o primeiro de muitos experimentos, nos Estados Unidos, que utilizaram o psicodrama para cultivar o diálogo social" (p. 77).

Sempre sobre o tema racial, o autor da tese menciona também a "onda de violência nacional, incluindo destrutivos distúrbios raciais em dezenas de cidades dos Estados Unidos", provocada pelo assassinato do líder do movimento de direitos civis Martin Luther King Jr., ocorrido em 4 de abril de 1968. Semanas depois, durante o encontro anual da Associação Psiquiátrica Estadunidense, realizado em Boston, Moreno dirigiu um sociodrama aberto à população, e o jornal *Boston Globe* relatou o evento com a manchete "Psicodrama — Possível resposta aos problemas raciais da nação" (p. 74).

Por outro lado, informando que "em 1969 mais da metade dos presos libertados das instituições correcionais estadunidenses voltou para trás das grades como reincidentes", Lazar comenta que o governo do estado de Maryland decidiu investigar "esse desastre", reunindo durante nove dias um grupo de cem advogados, juízes, funcionários penitenciários, policiais e 24 condenados: "Manhã, tarde e noite — grupos de 'magistrados e bandidos' na conferência se dedicaram ao psicodrama" sob a direção do dr. Richard Korn, "um discípulo de Moreno", observa, baseado em notícias do *New York Times*. Mais uma vez, no entanto, o nome do psiquiatra "não estava em lugar algum" (p. 77-79).

Por fim, comenta Lazar, estão os programas de televisão que nesse período descobriram "um novo gênero fenomenal de conteúdo televisionado: o psicodrama", acrescentando que o que há de mais peculiar sobre o legado desses programas é que não se tratava de eventos locais, mas de "espetáculos nacionais". Como exemplos ele menciona (1) *Prejudice and the police* [O preconceito e a polícia], transmitido pela rede de televisão ABC no verão de 1968 sobre a capacitação dos policiais de Houston; (2) a série televisiva *Black Journal* [Revista Negra], produzida pelo cineasta negro William Greaves, que, em seu artigo publicado pelo *New York Times* de 9 de agosto de 1970, defende o "conceito de grupo de encontro televisivo a partir de encontros interpessoais que acontecem em organizações como o Instituto Moreno, dirigido pelo dr. J. L. Moreno, o pioneiro do psicodrama". Greaves sustenta que esses programas "oferecem um mecanismo provisório para conter a deterioração das enfermidades sociais que atualmente estão carcomendo a sociedade estadunidense"; e (3) o documentário de 90 minutos *On trial — Criminal justice* [Em julgamento — A justiça penal], exibido em 1971 pela rede WNEW-TV, "transmitindo as diversas possibilidades do psicodrama como método de diálogo social" (p. 79).

Em sua tese, Lazar também chama a atenção para as dificuldades encontradas na prática por programas de TV com conteúdo psicodramático, dando o exemplo de *The family game* [O jogo da família], um programa semanal que foi exibido "durante 13 semanas na cidade de Nova York em 1972". Lazar menciona os comentários críticos da jornalista Stephanie Harrington, do *New York Times*, segundo a qual só no terceiro dos três primeiros programas da série "alguém confronta seriamente algo". Parafraseando Harrington, Graham Lazar afirma que "às vezes o psicodrama era mundano, às vezes era emocionalmente chocante, mas nunca era estável", informando também que as sessões foram dirigidas por Lewis Yablonsky, "um discípulo de Moreno" (p. 80-81).

Pelo que o sociólogo Lewis Yablonsky conta em seu livro *Psychodrama — Resolving emotional problems through role playing* [Psicodrama — Resolvendo problemas emocionais através de jogos de papéis], ele primeiro tinha sido aluno de pós-graduação de Moreno na Universidade de Nova York em 1949, observando que, "devido à reputação, carisma e enfoque dramático de Moreno para ensinar", esse era "um dos cursos mais populares da universidade" (Yablonsky, 1976, p. 7). Quanto à experiência mencionada por Lazar, Yablonsky confirma que "houve alguma experimentação com a projeção de um psicodrama grupal sobre problemas pessoais específicos por meio da televisão e do cinema a um público de massa", e que "os resultados foram em geral excelentes, ainda que tenha havido alguns problemas complexos no processo, que requerem solução" (p. 203).

Além disso, o sociólogo informa ter dirigido mais de 50 horas de psicodrama num estúdio de televisão "com um grupo 'de repertório' formado por pessoas da comunidade escolhidas ao acaso". Segundo Yablonsky, "o grupo era composto por um corte transversal de pessoas recrutadas para o espetáculo, incluindo idosos, jovens, negros, mestiços e brancos, com diferentes posições políticas". Todas as sessões foram gravadas em vídeo e as mais importantes foram editadas e mostradas "em 12 programas, em 226 estações do sistema público de teledifusão em todo o país" (p. 203).

Sempre em sua tese, ao mesmo tempo que analisa os desafios do psicodrama como fonte de conteúdo televisivo, "promissora, mas inevitavelmente problemática", Graham Lazar consegue perceber o papel pioneiro de Moreno em reconhecer, desde 1953, "o profundo teste de valores que o psicodrama televisivo representaria para o povo estadunidense", referindo-se a suas declarações ao *Washington Post* em abril daquele ano.

Efetivamente, entrevistado pela jornalista Sonia Stein dias depois de assistir na capital à primeira de uma série televisiva de psicodramas sobre alcoolismo, apresentada pela WTOP-TV, Moreno tinha declarado que "aprendemos a expor nosso corpo em Palm Beach, mas a exposição da psique continua sendo um tabu" (Stein, 1953). Lazar não o menciona, mas já em 1952 Moreno tinha conseguido assinar um contrato com a Bruce Chapman Company para a produção de uma série de programas que poderiam ser tanto filmados como televisivos ou radiofônicos, utilizando "psico-drama", "socio-drama" ou "role-playing" (Moreno, 1952, p. 17)

◆

Apesar dos esforços constantes de Moreno no uso de meios audiovisuais de massa e na difusão de suas criações, seu foco principal continuou sendo reservado aos meios impressos. Depois de ter conseguido reunir a maior parte dos materiais publicados pelo psiquiatra numa extensa bibliografia com mais de 300 títulos (Hare, 1986), o professor de sociologia Paul Hare (1986a, p. 85) se refere a Moreno como "um escritor prolífico, que contribuiu com pelo menos 308 livros e artigos para a literatura sobre psicologia social e terapia de grupo". A essa lista seria importante agregar um conjunto considerável de obras em boa parte inéditas, que ocupam seis caixas com 81 pastas, arquivadas na coleção de Harvard, incluindo o livro de ensaios *Philosophy of the here and now* [Filosofia do aqui e agora], a *Autobiography of a genius* [Autobiografia de um gênio] e a obra de ficção *The novel of the king, or the king of the hippies, or the cosmic man* [O romance do rei, ou O rei dos hippies, ou O homem cósmico] (Kraus e Cluse, 1986, p. 118-124).

◆

Em seu livro de memórias, por outro lado, Zerka (2012) comenta que, apesar de Moreno, "porque estava envelhecendo", ter sentido a necessidade de se liberar da responsabilidade da revista

Sociometry, entregando-a à Associação Sociológica Estadunidense depois de 18 anos como seu editor, ele continuou com a *Group Psychotherapy* e "até começou outro periódico, *International Journal of Sociometry and Sociatry* [Revista Internacional de Sociometria e Sociatria]", que não durou mais que sete anos. Contendo contribuições em outros idiomas, observa Zerka, "sua produção era muito complicada e cara" (p. 293).

Também considerada prioritária, a participação de Moreno em eventos nacionais e internacionais se manteve até poucos meses antes de sua morte, ocorrida em 14 de maio de 1974. Apesar de já estar com a saúde muito debilitada, ele insistiu em comparecer ao congresso de Zurique, em agosto de 1973, para a constituição da Associação Internacional de Psicoterapia de Grupo (IAGP, na sigla em inglês). Zerka comenta que estava marcado para abril de 1974 o encontro da Sociedade Estadunidense de Psicoterapia de Grupo e Psicodrama (ASGPP), que Moreno tinha fundado em 1942 e da qual, desde então, "nenhum dos dois tinha perdido uma única conferência". No entanto, como o psiquiatra "estava frágil demais", a esposa dessa vez teve de ir sozinha.

Mesmo tendo informado Moreno de sua ida, ela conta que ele evidentemente se esqueceu: "Onde está Zerka?" Quando ouviu a resposta, tentou sair da cama: "Preciso ir a esse encontro também!", e só se acalmou quando soube que "todo mundo viria vê-lo" (p. 418-419). Aparentemente, Moreno teria privilegiado a tal ponto a ação e o encontro até nos momentos finais de sua vida que, apesar de sua prolífica produção literária, teria deixado inacabada sua autobiografia: *Two partners in travel* [Dois companheiros de viagens]. O último capítulo termina na primavera de 1951.

Será mesmo? Teremos a oportunidade de examinar com mais detalhes esse problema já, já, quando abordarmos o tema da validação desse último trabalho de Moreno, que levou 25 anos para afinal vir a público integralmente, digamos. Ou quase.

2. Validar o psicodrama, como? "Os dois métodos podem ser combinados"

O PSICÓLOGO ESTADUNIDENSE JOHN Mann começa seu artigo "Evaluation of group psychotherapy — A review in evidence" [Avaliação da psicoterapia de grupo — Uma revisão das evidências], publicado no livro *The international handbook of group psychotherapy* [Manual internacional de psicoterapia de grupo] (Moreno, 1966), observando que a maioria dos profissionais dessa área supõe existir "relativamente pouca evidência atualmente com relação à eficácia da psicoterapia de grupo", e que essa conclusão é incorreta. Mann (1966, p. 129-30) reconhece que a avaliação científica tinha sido "em grande parte descuidada", mas afirma que "um *corpus* importante de pesquisas avaliativas se acumulou", ainda que a maior parte não esteja acessível de modo geral. O professor fez uma seleção de 41 estudos, sob dois critérios gerais: (1) "tinham de utilizar um desenho de grupo de controle"; e (2) as mudanças medidas "precisavam ter um caráter bem fundamentado". Entre eles, cinco procuraram avaliar a "psicoterapia psicodramática de grupo":

1. Peters e Jones (1951, p. 130) estudaram um grupo experimental e um de controle, de 10 e 11 pessoas, respectivamente, "todos negros esquizofrênicos" e selecionados ao acaso. Enquanto o grupo experimental recebeu terapia psicodramática com discussão grupal "por uma hora e meia uma vez por

semana durante quatro meses", o grupo de controle seguiu a rotina normal no hospital pelo mesmo período. Segundo Mann, os efeitos da terapia foram medidos por dois testes de desempenho e "os resultados indicaram uma melhoria significativa no grupo experimental".

2. Jones e Peters (1952, p. 130-131) fizeram um estudo similar ao primeiro com "24 pacientes negros esquizofrênicos designados aleatoriamente à psicoterapia psicodramática de grupo e ao controle no tratamento". O grupo terapêutico se reuniu da mesma forma que o do primeiro estudo, e os resultados indicaram "uma mudança diferenciada" em dois dos testes e uma mudança "qualitativa, mas não quantitativa" em uma terceira experiência.

3. Harrow (1951, p. 130) utilizou "homens esquizofrênicos em um estudo de psicoterapia psicodramática de grupo". Dos três grupos de dez pessoas, dois receberam tratamento experimental e o outro serviu de controle. Quanto aos resultados, dos três testes utilizados, um obteve "mudança significativa nos grupos experimentais".

4. Haskell (1957, p. 131) estudou os efeitos do psicodrama em "66 homens reclusos da Penitenciária da Ilha Rikers designados aleatoriamente, com 15 sessões de uma hora e meia cada". O teste de papel mostrou "uma melhora diferenciada em favor do grupo experimental".

5. O estudo de Peyman (1956, p. 139-140) procurou comparar os efeitos de diferentes métodos, examinando "psicoterapia de grupo, choque e psicoterapia de grupo mais choque" em 32 mulheres brancas de "21-39 anos, com reações esquizofrênicas

crônicas, sem deficiências mentais" e designadas aleatoriamente. Segundo Mann, a terapia consistiu em discussões e psicodrama, durante um período de seis meses, com sessões de uma hora, duas vezes por semana. Quanto aos resultados, "a terapia e a terapia mais o choque se saíram melhor do que o controle, mas aparentemente foram equivalentes entre si". Ou seja, "parece que o choque não acrescentou nem incluiu valor apreciável aos efeitos da terapia de grupo".

◆

Por outro lado, o sumário de um estudo aparentemente inédito, realizado entre 1954 e 1956 e assinado por Ledford Bischof, professor de psicologia da Northern Illinois University, aparece nos arquivos de Moreno em Harvard. Mimeografado, *Recidivism and role playing* [Reincidência e jogo de papéis] (s/d) tentou medir os efeitos que o psicodrama teria sobre a reincidência de meninas de 12 a 18 anos na Geneva School for Girls, única instituição do estado de Illinois para jovens infratoras. Tanto a primeira (1955) como a segunda parte (1956) da pesquisa duraram seis semanas: 18 meninas foram distribuídas em três grupos de seis, e com o primeiro grupo (A) não houve nenhum contato profissional; as do segundo (B) tiveram três sessões de aconselhamento individual, e as do terceiro (C), três sessões de psicodrama dirigidas por Bischof. Resultados de 1955: no grupo A, houve cinco reincidências; no B, três; no C, nenhuma. Resultados de 1956: no grupo A, três reincidências; no B, duas; no C, nenhuma. De acordo com Bischof, um dos pontos mais interessantes foi o das "cartas que o grupo de psicodrama me escreveu. Suas cartas são entusiásticas", comenta, acrescentando que "o grupo individualmente aconselhado não conseguiu corresponder" [por escrito] (p. 3).

A propósito, em seu livro *Interpreting personality theories* [Interpretação das teorias da personalidade], no qual Bischof classifica e analisa extensivamente as contribuições de 20 teóricos em sete categorias diferentes, Moreno aparece no grupo "psicoindividual-psicossocial" (Bischof, 1970, p. 233-281), na companhia de Alfred Adler e Karen Horney. Além de comentar que o próprio Moreno "reconhece as dificuldades inerentes à validação", Bischof informa a respeito de vários estudos que representam alguns dos esforços investigativos sobre o psicodrama "como teoria e como técnica para mudar comportamentos" (p. 270), entre os quais cita, resumidamente:

- O que acontece quando a pessoa participou de uma sessão psicodramática intensiva de três dias? Em um estudo, as mudanças de atitude pareceram durar várias semanas (Dean e Marshall, 1965) (p. 270).
- Contrariamente ao que pode ser a opinião geral, a pessoa mais querida em um grupo pode ter pouca influência no grupo ou em ajudá-lo a atingir suas metas (Hashmi, 1968) (p. 270-271).
- [Há] algumas evidências de que testes válidos de jogos de papéis podem ser desenvolvidos (Mann, 1956) (p. 279).

◆

Em relação ao comentário de Bischof sobre a validação, Moreno publica "The validity of psychodrama" [A validade do psicodrama] (1968b), um artigo de meia página na revista *Group Psychotherapy* em que afirma que "a questão despertou uma grande controvérsia ao longo dos anos" e que havia duas opiniões a respeito. A primeira enfatiza que "as medidas habituais de fiabilidade e validade não parecem ser especialmente apropriadas para o psicodrama", já que, "se cada pessoa atua sua vida honestamente, os dados são perfeitamente confiáveis e válidos". A segunda opinião sustenta que "os métodos atuais de medição de validade podem ser realmente aplicados". A posição de Moreno sobre o tema é que "os dois métodos de validação podem ser combinados" (p. 3). Sua explicação:

> Mas é exato dizer que a validade do psicodrama não exige prova além de seu valor nominal. É uma declaração das mesmas pessoas, o que elas experimentam em um momento determinado em relação a determinada atividade. O psicodrama trata de atos primários e pedaços de comportamento, e não de "fatores" como inteligência, genes ou qualquer outro coeficiente oculto. Uma escolha não é mais honorável porque é estatisticamente válida. Não há necessidade de validação adicional sempre e quando os membros do grupo e seu comportamento são tomados como se expressam no tempo presente, e enquanto não haja pretensões de que o futuro dos participantes possa ser predito a partir dos acontecimentos que se produziram, ou que generalizações possam ser extraídas dos acontecimentos demonstrados. Mas é possível afirmar com certeza que o que importa é que as ações e decisões sejam válidas para os próprios participantes no momento em que são experimentadas. Nesse caso, é possível falar de uma validação "existencial", a qual deve ser separada definitivamente de uma validação "científica". Mas quando falamos em validação existencial, é preciso evitar pensar automaticamente que esse deve ser um tipo impulsivo e irracional de comportamento. Pode ser comportamento do tipo melhor e mais bem organizado.

◆

Ainda em 1966, a *British Journal of Medical Psychology* [Revista Britânica de Psicologia Médica] publica "Validation of psychodramatic behaviour against behaviour in life" [Validação de comportamentos psicodramáticos em comparação com comportamentos na vida], artigo assinado por Hans e Shulamith Kreitler, professores de psicologia da Universidade de Tel Aviv, em Israel. Para os Kreitler, "a prova de que o comportamento psicodramático representa o comportamento cotidiano poderia fazer do psicodrama um importante método de coleta de material para fins de investigação e diagnóstico" (p. 185). Segundo eles,

> um método capaz de substituir parcialmente a observação em situações da vida real é muito necessário; primeiro, devido às limitações e dificuldades que afetam a observação direta em momentos da vida; segundo, devido aos vieses que distorcem, característicos da maioria das informações obtidas de conhecidos e amigos; e, terceiro, porque a maioria dos exames de diagnóstico não proporciona informação direta sobre o comportamento diário, mas sim sobre os fatores que poderiam determinar este comportamento.

Os Kreitler estudaram 25 sujeitos, aleatoriamente escolhidos de uma lista de 160 pacientes "que tinham passado pelo menos um ano no Hospital Beer-Yakov, em Israel". Um questionário inicial com 72 perguntas sobre comportamentos específicos — "nos seis âmbitos de desempenho (modos de ação, comportamento social, trabalho, emoções, necessidades biológicas e psicopatologia)" — foi apresentado a três membros da equipe do hospital, ou seja, um psiquiatra, uma enfermeira e um terapeuta ocupacional, e só as 31 perguntas acordadas pelos três foram mantidas. Respostas a elas foram obtidas por 36 funcionários que se identificaram e foram identificados por outros como os que melhor conheciam os pacientes, em um total de 1.650 respostas. Paralelamente à coleta de todo esse material, os sujeitos foram testados em uma série de 17 cenas psicodramáticas, "desenhadas para oferecer informação sobre essas 31 perguntas propostas à equipe" (p. 186).

A conclusão geral à qual chegaram os Kreitler, depois da análise do resultado, foi: "O uso do psicodrama como método para aprender sobre o comportamento real tem as seguintes vantagens: sua alta validade, a ampla gama de aspectos do comportamento diário que poderia revelar, sua fácil aplicação e a franqueza e a simplicidade de interpretação" (p. 191).

◆

Ainda em 1968, o psicólogo Ira A. Greenberg publica *Psychodrama and audience attitude change* [Psicodrama e mudança de atitude do público], baseado em sua tese de doutoramento sobre o tema, com uma ampla introdução escrita por Moreno. O psiquiatra chama a atenção para o fato de que o livro foi publicado "este ano, em vez do ano passado ou do próximo":

> A razão é que neste ano se cumpre o sexagésimo aniversário de nascimento do psicodrama e o descobrimento do conceito de espontaneidade. Foi como adolescente, justamente antes de minha entrada na faculdade de Filosofia da Universidade de Viena, que notei pela primeira vez a espontaneidade saudável das crianças que brincavam nos parques da cidade de minha juventude. E, ao observá-las brincando, fui surpreendido pela riqueza de sua vida de fantasias. A partir daí, me tornei amigo delas e, seguidamente, as conduzi em jogos, dirigindo-as na criação de pequenas "histórias" em que atuavam e ajudando-as a projetar imediatamente, a partir de seus próprios conhecimentos e experiências, para tornar realidade para essas crianças aquele momento mágico de fantasias, que sua imaginação ativa e seu elevado estado de espontaneidade traziam à vida de forma emocionante. (Moreno, 1968a, p. 3)

É evidente, por um lado, a importância que Moreno atribui à origem do psicodrama no âmbito da "saudável espontaneidade das crianças", em vez de procurar situá-la diretamente no campo de sua experiência teatral de natureza terapêutica. Cabe destacar também a intenção claramente pedagógica manifestada no início da criação do seu método, que o leva a trabalhar com crianças "a partir dos seus conhecimentos e experiências".

Por outro lado, vale a pena tentar compreender os "sentimentos contraditórios" que Moreno declara ter ao escrever a introdução para "esse último de uma infinidade de estudos acadêmicos baseados em uma área de meu trabalho", referindo-se às milhares de "pesquisas realizadas por membros da comunidade acadêmica e seus alunos", às centenas de "teses de mestrado nas áreas de sociometria, psicodrama e sociodrama" e, "naturalmente, a um número muito menor de teses de doutorado". Ainda assim, relata ele, "um punhado" delas nas áreas de psicodrama e sociodrama se encontra nos arquivos da University Microfilms, Inc., em Ann Arbor, Michigan, "onde são mantidas cópias microfilmadas das teses estadunidenses". Segundo Moreno, o trabalho de Greenberg é o sexto.

> Os outros são: (1) James Murray Dysart, mestre em educação, *A study of the effect of in-service training in sociometry and sociodrama on teacher-pupil rapport and social climate in the classroom* [Estudo do efeito da capacitação em serviço em sociometria e sociodrama na relação professor-aluno e no clima social na sala de aula]. New York University, 1952; (2) Dennis Charles Daly, PhD, *Psychodrama as a core technique in milieu therapy* [O psicodrama como técnica básica no meio terapêutico]. St. Louis University, 1961; (3) Jeannette Pauline Maas, PhD, *Ego diffusion in women with behavior disorders and the integrating effects of psychodrama in identity consolidation* [A difusão do ego em mulheres com transtornos de comportamento e os efeitos integradores do psicodrama na consolidação da

identidade]. University of Southern California, 1964; (4) Jay Noah Shapiro, PhD, *A comparison of certain Rorschach score patterns with psychodrama action patterns* [Uma comparação de certos modelos de pontuação Rorschach com padrões de ação psicodramática]. University of Arizona, 1964; (5) Alan Robert Anderson, PhD, *An experimental evaluation of role-playing in group counseling* [Uma avaliação experimental de jogos de papéis em aconselhamento de grupo]. Brigham Young University, 1965. (Moreno, 1968a, p. 4)

Os "sentimentos contraditórios" levam Moreno a revelar que, embora goste do estudo de Greenberg, este "me torna consciente de certas frustrações". Por um lado, ele está satisfeito por Greenberg ter conseguido encontrar suporte para sua hipótese principal, "em que ele colocou minha teoria da espontaneidade à prova e mostrou que o público pode ser influenciado a mudar sua atitude, mesmo contra o que pense no seu melhor interesse, em consequência do uso de técnicas psicodramáticas". Por outro lado, sente-se "um tanto frustrado pelo fato de a realização deste estudo ter sido considerada uma necessidade" (p. 5). E explica:

> Em última análise, esta é apenas outra forma de testar uma teoria que foi comprovada muitas vezes e de muitas maneiras ao longo dos anos e, em quase todos os casos, seja uma situação terapêutica ou social, uma ocasião de aprendizagem ou uma sessão de treinamento para adaptação, a teoria e as técnicas têm demonstrado sua eficácia em situações "de verdade", durante as quais pessoas "reais" enfrentam problemas de vital importância para elas. Mas tal é a natureza da investigação científica que se deve aceitar o fato de que suas teorias, não importa quão bem desenvolvidas estejam, continuarão a ser alvo de incursões experimentais, e que é como deveria ser, porque quando uma teoria não pode resistir a tal ataque, deve-se esperar que fique pelo caminho, à medida que a ciência continua a avançar.

Realizado em plena Guerra do Vietnã, o estudo de Greenberg foi conduzido em um campus universitário na primavera de 1966, e o pesquisador decidiu que "a atitude a ser mudada deveria ser relevante para o período do experimento". Considerando tanto os alunos que se sentiam ameaçados pelo serviço militar quanto as alunas "que pareciam sentir os efeitos do serviço militar pelos fins de semana sem encontros", o que causava em geral sentimentos negativos, esse foi o tema escolhido (p. 164). Trinta alunos indicados para o grupo de controle responderam aos testes pré e pós-conferências em favor da convocação. Por sua vez, um grupo experimental de 34 alunos, além de responder aos mesmos testes, participou de três psicodramas: o primeiro, com uma jovem protagonista grávida em tentativa de suicídio; o segundo, com um jovem estudante interessado em continuar os estudos e questionado sobre o serviço militar pelo irmão mais velho, recém-chegado do combate; e o último, com o mesmo jovem recém-chegado ao Vietnã e informado de que deve substituir um soldado morto em patrulha de reconhecimento noturno, mas "tranquilizado por seu simpático sargento" (p. 211).

Em relação aos resultados, Greenberg comenta que a pontuação obtida pelo grupo experimental "pode ser considerada significativamente maior" (p. 215) que a do grupo de controle, e que o principal objetivo do experimento foi alcançado: "Os sujeitos no grupo experimental mostraram uma mudança de atitude que foi mais favorável ao serviço militar que sua posição inicial", ou seja, antes de sua exposição aos três psicodramas (p. 225).

◆

Outro pesquisador que traz dados novos sobre estudos de validade realizados é o psicólogo clínico David A. Kipper, capacitado pelo duo Moreno em Beacon. Embora considere naquele momento ainda ser escassa a pesquisa comparativa "sobre a eficácia geral do jogo de papéis e do psicodrama na relação com outros modos de terapia", em seu livro *Psychotherapy through clinical role-playing* [Psicoterapia por meio de jogos de papéis clínicos], Kipper afirma ter "um *corpus* de investigação que oferece um apoio geral à eficácia do jogo de papéis clínico" (Kipper, 1986, p. 353). Eis os exemplos que ele oferece em seu livro:

> O jogo de papéis clínico e sobretudo sua técnica de duplo se mostraram eficazes no desenvolvimento da empatia, tanto entre sujeitos adolescentes normais [...] como entre pessoas com deficiência [...]. Constatou-se também que os jogos de papéis aumentam a sensação de domínio, a autoconfiança e a autoestima [...] e melhoram a consistência interpessoal (ou seja, o desenvolvimento de uma identificação fortalecida consigo mesmas e com outros) entre mulheres sociopatas [...]
>
> A literatura sobre os procedimentos de dessensibilização que se aplica na terapia de conduta indica que estes são tratamentos de medos e fobias. No entanto, as comparações de dessensibilização com jogo clínico de papéis revelaram resultados interessantes. Em um estudo (Kipper e Gilady, 1978), descobriu-se que o psicodrama estruturado foi tão eficaz na redução da ansiedade diante dos exames entre estudantes universitários quando a dessensibilização sistemática. Em um segundo estudo, Decenteceo (1978) afirmou que o jogo de papéis foi mais eficaz que a dessensibilização clássica e o não tratamento de grupo na redução do medo de cobras. [...]
>
> Outro critério possível para demonstrar a eficácia diferencial do jogo clínico de papéis em problemas específicos seriam os dados baseados em estudos de caso e relatórios clínicos. Em geral, essa literatura demonstra uma aprovação entusiasmada desse método de tratamento. Por exemplo, informou-se que os jogos de papéis e o psicodrama foram úteis no tratamento de problemas clínicos como

a dependência de drogas e o alcoolismo entre adolescentes […]. Alguns estudos indicaram um ensino exitoso da comunicação e de habilidades interpessoais entre indivíduos com deficiência mental […], pacientes afásicos […] e pessoas surdas […]. Também houve descrições que sugerem que o jogo clínico de papéis e o psicodrama podem ser muito úteis no tratamento de pacientes hospitalizados e psicóticos. Inúmeros relatórios nesse sentido foram publicados nos últimos 20 anos […]. (Kipper, 1986, p. 353-355)

Por outro lado, o psicólogo clínico sueco Peter Kellermann, autor de *Focus on psychodrama* [Foco no psicodrama], considera que, "devido à dificuldade técnica de estudar os resultados dos psicodramas de maneira científica", já que são muitas as variáveis em jogo e "é impossível controlá-las todas", a maioria dos relatórios foi 'quase naturalista', ou seja, anedótica (Kellermann, 2006, p. 27).

Levando em conta esse problema, a Federação das Organizações Europeias de Formação de Psicodrama (Fepto) continua orientando seus membros sobre a validação científica das terapias psicodramáticas, em uma de suas páginas de seu site na internet, a partir de um conjunto de 15 respostas às questões consideradas mais importantes sobre o tema (Wieser, Fontaine e Teszáry, s/d).

Apesar de se limitarem ao âmbito terapêutico, essas 15 questões podem ser úteis a quaisquer trabalhos de validação psicodramática, tanto no campo educativo quanto em atividades de caráter puramente exploratório ou experimental. São elas:

1. conta com áreas claramente definidas de investigação, aplicação, pesquisa e prática;
2. demonstrou sua pretensão de conhecimento e competência dentro de sua tradição de campo de diagnóstico/avaliação e/ou tratamento/intervenção;

3. tem uma teoria clara e consistente do ser humano, da relação terapêutica e da saúde e doença;
4. adota métodos específicos para a abordagem, que geram avanços na teoria psicoterápica, demonstram novos aspectos na compreensão da natureza humana e nas formas de tratamento/intervenção;
5. utiliza processos de troca verbal, juntamente com a conscientização de fontes não verbais de informação e comunicação;
6. oferece uma justificativa clara para o tratamento/as intervenções que facilitam a mudança construtiva dos fatores que provocam ou mantêm a doença ou o sofrimento;
7. tem estratégias bem definidas que permitem aos clientes desenvolver uma nova organização de experiência e comportamento;
8. está aberta ao diálogo com outras modalidades de psicoterapia sobre seu campo de teoria e prática;
9. tem uma forma de descrever metodicamente os campos de estudo escolhidos e os métodos de tratamento/intervenção, que podem ser usados por outros colegas;
10. está associada à informação, que é fruto da autorreflexão consciente e da reflexão crítica de outros profissionais dentro da abordagem;
11. oferece novos conhecimentos, diferenciados e distintos, no domínio da psicoterapia;
12. é passível de ser integrada a outras abordagens consideradas parte da psicoterapia científica, compartilhando com elas áreas de interesse comum;
13. descreve e apresenta uma estratégia coerente para compreender os problemas humanos e uma relação explícita entre métodos de tratamento/intervenção e resultados.
14. tem teorias do comportamento humano normal e problemático que se relacionam explicitamente com métodos eficazes de diagnóstico/avaliação e tratamento/intervenções;

15. conta com procedimentos investigativos bem definidos para indicar possibilidades de pesquisa.

◆

Quatro anos depois de seu já citado artigo que revisou 41 estudos sobre avaliação em psicoterapia, incluindo o psicodrama, John Mann aproveita a convenção da Associação Psicológica Estadunidense (APA, sigla em inglês) realizada em Miami, Flórida, em setembro de 1970, para apresentar outro documento. Trata-se de "The present status of psychodramatic research" [Situação atual da pesquisa psicodramática], no qual descreve duas tendências principais, delineadas nos últimos dez anos. Por um lado, diz o professor da Universidade de New York, procurou-se "avaliar sua eficácia como forma de terapia". Por outro, salienta, buscou-se "variar o processo de comunicação através do jogo de papéis para produzir mudanças de atitude" (Mann, 1970, p. 1).

Segundo John Mann, as evidências encontradas confirmam uma vez mais as conclusões de seu artigo anterior, no que diz respeito à avaliação da terapia de grupo, "da qual o psicodrama fez parte" (Mann, 1966, p. 1). Extraindo exemplos dos trabalhos de Louis Leskin, "Training experiences in psychodrama" [Experiências de formação em psicodrama] (1965), e de Paul Slawson, "Psychodrama as a treatment for hospitalized patients — A controlled study" [Psicodrama como tratamento para pacientes hospitalizados — Um estudo controlado] (1965), Mann (1966, p. 1) afirma que 45% dos estudos "sugerem efeitos positivos devido ao psicodrama". No entanto, pondera, esse número não sugere "nem superioridade nem inferioridade do psicodrama em relação a outras abordagens".

No que diz respeito à segunda tendência, Mann menciona os estudos feitos pelo psicólogo e professor estadunidense Carl

Hovland, bem como sua "influência seminal" junto a seus alunos na "estimulação e disseminação desse foco de pesquisa". Com efeito, conta Mann (1966, p. 1), vários alunos seus utilizaram o jogo de papéis "como meio principal na variação dos processos de comunicação em tais estudos". O trabalho de Hovland e de seus estudantes alcançou, sempre segundo Mann, "um alto grau de sofisticação e controle científicos", sendo considerado "relativamente produtivo, dentro da esfera limitada do seu foco, porque se presta facilmente à replicação" (p. 1).

Além de mencionar os estudos publicados em 1954 pelos professores da Universidade de Yale Irving Janis e Bert King sobre a influência do jogo de papéis nas mudanças de opinião, John Mann faz referência a outro estudo, "mais impressionante", sobre o impacto do jogo de papéis nas atitudes e no comportamento conduzido por Janis e por ele próprio em 1965. Esse trabalho foi mais tarde (1967) confirmado de forma geral por ele, afirma.

Mann informa que, no estudo anterior, "um grupo de fumantes inveterados participou de uma série de cenas padronizadas nas quais receberam o diagnóstico de câncer de pulmão, cujo prognóstico era uma morte precoce". Já um grupo de controle apenas ouviu as gravações das sessões, sem participar diretamente delas. Diz Mann que os resultados foram "bastante impactantes", ou seja: duas semanas após a dramatização, descobriu-se que as atitudes e os comportamentos quanto ao fumo por parte do grupo experimental "mudaram significativamente em comparação com o grupo de controle". Além disso, acrescenta, "muito mais notável" é o fato de, 16 meses mais tarde, um estudo de acompanhamento (Mann e Janis 1968) ter indicado que "as mudanças nos padrões de tabagismo tinham persistido" (Mann, 1970, p. 2-3)

Nem por isso a avaliação feita por Mann chega a ser amplamente satisfatória. Ao contrário, afirma, diante desse tipo de conclusões, "o psicodramatista praticante pode muito bem ficar com um sentimento de insatisfação". Por um lado, "os estudos de avaliação direta parecem nunca provar nada, exceto que o psicodrama é parcialmente eficaz". Além disso, considerando a limitada "versão de psicodrama" adotada nos estudos, as conclusões a que se chega, mesmo sendo "reconfortantes", "não parecem ter relação com a terapia psicodramática".

Ainda nesse artigo apresentado na reunião da APA, Mann tenta formular criticamente o que falta nos estudos sobre psicodrama, afirmando que, se as respostas produzidas pela pesquisa são inadequadas, "muito provavelmente é porque, em primeiro lugar, foram feitas perguntas erradas". Para ele, "o psicodrama é talvez o instrumento mais complexo para a produção de mudança de comportamento utilizado atualmente". Nesse sentido, pretender avaliar essa totalidade de variáveis não controladas e não especificadas "é um esforço sincero e tolo".

O que Mann sugere, basicamente, é que a situação seja simplificada, ou seja, que quem pesquise se concentre em aspectos mais limitados do processo psicodramático, "a fim de obter questões que se prestem mais naturalmente ao processo de investigação científica". O professor dá o exemplo de um trabalho feito para uma tese doutoral da pesquisadora Pearl Rosenberg, *Experimental analysis of psychodrama* [Análise experimental do psicodrama]. Ele comenta que Rosenberg tinha partido do princípio de que "a quantidade de compreensão e mudança produzida estava diretamente relacionada ao grau de envolvimento que se tinha no processo". Segundo Mann, ela estabeleceu uma série de posições de observação "que variavam em seu grau de envolvimento com a ação psicodramática". Os resultados obtidos a levaram a concluir que "o envolvimento comportamental e emocional levou a uma maior compreensão e a uma maior mudança de atitude e comportamento" (Mann, 1970, p. 3-4).

Entre as sugestões propostas por Mann estão estudos para avaliar até que ponto a capacidade empática pode ser cultivada. Ele sugere que o trabalho psicodramático na formação de egos auxiliares e duplos seja gravado em vídeo com os sujeitos em diferentes fases do processo. Essas gravações poderiam ser mostradas a juízes especialistas, diz Mann. "Se ocorresse melhoria, os juízes deveriam ser capazes de detectá-la com segurança, e controles científicos adequados poderiam ser introduzidos em tal situação com relativa facilidade." Se fosse demonstrado que tal treinamento de fato melhorou a capacidade empática dos sujeitos, afirma, "ficaria clara sua importância como experiência educacional geral e sua relevância psicodramática" (p. 5).

◆

Mais recentemente, o psicólogo/psicodramatista Michael Wieser, professor da universidade austríaca de Klagenfurt, tratou de oferecer informação ampla em seu artigo "Studies on treatment effects of psychodrama psychotherapy" [Estudos sobre os efeitos do tratamento da psicoterapia psicodramática]. Ao introduzir o tema no último capítulo do livro *Psychodrama — Advances in theory and practice* [Psicodrama — Avanços na teoria e na prática], Wieser (2013, p. 271) considera que "o estudo da eficácia do psicodrama, de forma acadêmica controlada e mais rígida, tem sido negligenciado".

Wieser detecta primeiramente documentos produzidos na Alemanha e na Suíça, mas pondera que neles "há problemas em corresponder aos padrões dominantes na psicoterapia baseada em evidências". O mesmo acontece, diz ele, fora dos países de língua alemã, onde aponta "problemas no desenho das pesquisas". É verdade, comenta, que a psicoterapia psicodramática foi credenciada pelos governos e pelos sistemas de seguro social na

Áustria, na Hungria e pela Associação Europeia de Psicoterapia. No entanto, acrescenta, "o *status* científico da psicoterapia psicodramática ainda não foi reconhecido pela comunidade científica em geral, uma vez que os estudos realizados neste campo parecem não ter conseguido atingir os padrões convencionais".

No artigo, Michael Wieser analisa 52 estudos, publicados ou não, classificando-os de acordo com a então vigente Classificação Internacional de Doenças (CID-10), produzida pela Organização Mundial da Saúde (OMS) com dados de 1992. Trata-se basicamente de transtornos mentais orgânicos, inclusive os sintomáticos (F00-F09); transtornos mentais e comportamentais devido ao uso de substâncias psicoativas (F10-F19); esquizofrenia, transtornos esquizotípicos e transtornos delirantes (F20-F29); transtornos do humor [afetivos] (F30-F39); transtornos neuróticos, transtornos relacionados com o estresse e transtornos somatoformes (F40-F48); síndromes comportamentais associadas a disfunções fisiológicas e a fatores físicos (F50-F59); transtornos da personalidade e do comportamento do adulto (F60-F69); retardo mental (F70-F79); transtornos do desenvolvimento psicológico (F80-F89); transtornos do comportamento e transtornos emocionais que aparecem habitualmente durante a infância ou a adolescência (F90-F98); grupos mistos de transtornos e transtorno mental não especificado (F99).

Apesar de listar a classificação completa dos transtornos mentais e comportamentais, os estudos referidos por Wieser não cobrem todos eles. Nenhuma pesquisa engloba, por exemplo, as categorias F00-F09, F50-F59 e F80-F89. A maioria dos estudos entra na área de transtornos não especificados, 17 deles "com resultados mais positivos", dos quais "três investigaram a técnica do duplo psicodramático", um estudo envolvendo pessoas idosas e dois outros realizado com jovens. Na área de grupos mistos de transtornos, Wieser aponta dez trabalhos com resultados positivos, sendo que "dois estudos adicionais relatam eficácia na modalidade individual" (p. 281).

A respeito dessa última categoria, aliás, Wieser comenta que, "na prática psicoterapêutica, a maioria dos pacientes apresenta transtornos mistos, e não apenas um". Por essa razão, diz ele, é importante reportar neste campo de pesquisa. Com efeito, acrescenta, a eficácia da psicoterapia psicodramática "é demonstrada por 20 significâncias estatísticas positivas" (p. 282).

Entre as conclusões feitas por Wieser, vale a pena destacar a necessidade de pesquisas básicas sobre a eficácia da psicoterapia psicodramática tanto na área dos transtornos mentais orgânicos, inclusive os sintomáticos, quanto nas das síndromes comportamentais associadas a disfunções fisiológicas e a fatores físicos, dos transtornos da personalidade e do comportamento do adulto, e ainda nos transtornos do desenvolvimento psicológico.

Por último, além de constatar uma grande variedade de técnicas de medição observadas nos diferentes estudos — alguns dos quais realizados "há mais de 50 anos" —, Wieser insiste quanto à necessidade de "um consenso sobre o tipo de instrumentos de medição que melhor se aplicam ao psicodrama". Segundo ele, esse acordo possibilitaria comparar os estudos sobre psicodrama entre si e com outros métodos psicoterapêuticos. Como exemplos de avanços já registrados, ele menciona os trabalhos de Hannah *et al.* (2002), de David Kipper e Jasdeep Hundal (2005), assim como de Androulla Christoforou e David Kipper (2006). São pesquisadores que criaram instrumentos para medir a espontaneidade, fator fundamental para a teoria psicodramática.

◆

Ainda mais recente é o trabalho desenvolvido por dois pesquisadores israelenses, Hod Orkibi e Rinal Feniger-Schaal, vinculados à Escola de Terapias de Artes Criativas da Faculdade de Bem-Estar Social e Ciências da Saúde da Universidade de Haifa, Israel. Num extenso e bem fundamentado artigo, "Integrative systematic review of psychodrama psychotherapy research — Trends and methodological implications" [Revisão sistemática integrativa de pesquisas em psicoterapia psicodramática — Tendências e implicações metodológicas], publicado em 2019 pela Universidade da Califórnia, Orkibi e Feniger-Schaal pesquisaram quatro grandes bases de dados eletrônicas: PsycINFO, PubMEd, Scopus by Elsevier, e Web of Science.

Segundo os autores, a busca nas bases de dados e a busca manual resultaram em 31 publicações de intervenções psicodramáticas. São trabalhos difundidos em inglês entre 1º de janeiro de 2007 e 31 de dezembro de 2017. Na grande maioria, esses estudos abordaram efeitos do psicodrama em adultos, seguidos por grupos de adolescentes. Apenas dois estudos envolveram crianças.

Curiosamente, o estudo realizado pelos pesquisadores israelenses é visto como "parte de um projeto mais amplo que analisa tanto o psicodrama quanto a dramaterapia". Pelo fato de essas duas modalidades de tratamento serem consideradas profissões de saúde diferentes, eles decidiram produzir dois relatórios distintos. O interessante, nesse caso, é a diferença descrita, que vale a pena reproduzir:

> Resumidamente, no psicodrama, os clientes em geral usam o jogo de papéis para representar a si mesmos, partes de si mesmos ou outras pessoas significativas em sua vida real e, portanto, trabalham mais diretamente com questões baseadas na realidade. Em contraste, a terapia dramática é mais baseada na fantasia, e os clientes normalmente usam o jogo de papéis para representar papéis fictícios e simbólicos, usam a narração de histórias, fantoches, máscaras e objetos em miniatura para trabalhar de forma mais indireta e com

maior distância dramática dos seus problemas. No entanto, algumas variantes contemporâneas da prática do psicodrama envolvem o trabalho com metáforas e a imaginação, confundindo assim as fronteiras entre o psicodrama clássico e a terapia dramática. (Orkibi e Feniger-Schaal, 2019, p. 3)

Diga-se de passagem: estudiosos da obra de Jacob Levy Moreno não hesitariam em detectar, nessa última afirmação sobre "variantes contemporâneas da prática do psicodrama", um retorno aos postulados básicos da filosofia e do método desenvolvido por ele, com o apoio de sua parceira Zerka Toeman. Aliás, para quem se dispuser a confirmar a visão integral formulada por Moreno, basta retomar o que demonstrei sobretudo no capítulo "Beacon: finalmente um teatro para o psicodrama", do meu livro *Moreno, o mestre*. Aí fica evidente que a separação entre as modalidades psicodramáticas e a diferenciação entre a abordagem terapêutica e a abordagem artística — estabelecidas teórica ou profissionalmente — são provisórias. Com efeito, cito eu me referindo a ele, "'os domínios terapêutico e estético não podem ser separados para sempre' e que eles têm 'uma clara inter-relação'" (Guimarães, 2020, p. 250; Moreno, 1937, p. 25).

◆

Voltando ao trabalho da dupla de pesquisadores israelenses em revista: de um total de 382 artigos inicialmente identificados, 55 deles foram mantidos. Por razões diversas, foram excluídos editoriais, resenhas de livros, estudos de casos, além de artigos em que, por exemplo, o termo "drama" foi usado "vagamente, sem indicação específica de psicodrama ou terapia dramática" (p. 5). Entre os escolhidos, 31 são artigos sobre psicodrama e 24 sobre dramaterapia.

A maioria desses trabalhos foi produzida na Turquia (39%), na Itália (13%), em Israel (10%) e nos Estados Unidos (10%). Quanto ao período analisado, os autores informam que a média de publicações foi de três por ano, oscilando entre um em 2008 e oito em 2017, sendo que, na área psicodramática, foram 20 estudos quantitativos, quatro qualitativos e sete mistos. Já no que se refere à população estudada, a maioria das publicações tratou de jovens em situação de risco (32%), seguidos de estudantes (13%) e adultos com diferentes problemas de saúde mental (13%).

Com relação aos temas tratados, interessa notar que 19% abordam problemas comportamentais dos adolescentes, ansiedade (16%), depressão (13%), qualidade de vida (10%), sintomas e funcionamento global (10%). Dois estudos mediram o apego (6%) e dois mensuraram variáveis do processo durante a sessão (6%), dos quais um mediu o envolvimento dramático. No entanto, observam os autores, "apenas um estudo mediu a espontaneidade, que é um construto central na teoria psicodramática". Outros resultados primários incluíram bem-estar subjetivo, cessação do tabagismo, esgotamento, desesperança, solidão, senso de coerência, estigma público, autoestigma, autoestima, autoeficácia e autoconceito (Orkibi e Feniger-Schaal, 2019, p. 5-6).

Nas conclusões ao levantamento feito, os autores reconhecem que "a investigação sobre intervenções psicodramáticas na última década seguiu uma trajetória ascendente e reporta resultados promissores em todas as metodologias" (p. 21). Eles fazem, no entanto, "um apelo à melhoria da qualidade metodológica e dos relatórios", afirmando serem "necessários avanços na teorização e no exame dos mecanismos de ação ou de mudança específicos da modalidade psicodramática — que distinguem o psicodrama da psicoterapia tradicional de conversação" (p. 21-22).

◆

Há algo ainda mais recente, e de novo é Hod Orkibi quem lidera o grupo de pesquisadores, composto desta vez por Shoshi Keisari, Nisha Sajnani e Martina de Witte. Refiro-me a "Effectiveness of drama-based therapies on mental health outcomes — A systematic review and meta-analysis of controlled studies" [Eficácia das terapias baseadas em drama nos resultados de saúde mental — uma revisão sistemática e meta-análise de estudos controlados], publicado em 2023 na revista *Psychology of Aesthetics, Creativity, and the Arts* [Psicologia da Estética, Criatividade e Artes] pela Associação Psicológica Estadunidense (APA, sigla em inglês).

A partir de uma busca inicial de 635 estudos individuais, uma primeira seleção resultou em 87 estudos selecionados, sendo finalmente apenas 30 os estudos que preencheram todos os critérios de inclusão. O interessante é que, antes de apresentar em detalhes os resultados dessa revisão, o grupo de autores passa em revista os sete trabalhos já efetuados na área do psicodrama, dando maior atenção ao já mencionado levantamento feito pelo professor Wieser. Resumindo o encontrado nessas análises históricas, os autores não hesitam em afirmar: "No geral, essas sete revisões sugerem que o psicodrama pode ter um efeito benéfico sobre uma ampla gama de resultados e diversos clientes" (Orkibi et al., 2023, p. 3).

Segundo esse grupo de autores, apesar da riqueza da literatura que descreve o trabalho clínico, a pesquisa em terapias baseadas em drama é relativamente escassa em comparação com outras psicoterapias e intervenções psicológicas. Ao longo dos anos, dizem eles, "poucas tentativas foram feitas para revisar", e que "resumir sistematicamente estudos de intervenção e meta-análises são raros nesse campo" (p. 2). Apenas duas meta-análises foram publicadas, ambas no âmbito do psicodrama. Ainda assim, os resultados mostraram "um efeito de melhoria semelhante ou melhor do que o comumente relatado para a psicoterapia de grupo em geral" (Kipper e Ritchie, 2003, p. 13). Sempre quanto aos resultados dessas análises, eles também indicaram que as técnicas do duplo e da inversão de papéis foram as mais eficazes.

Já com relação àquele último trabalho de 2023, os autores afirmam que "metade dos estudos incluídos enfocaram a promoção da saúde, com resultados semelhantes àqueles que visam a redução de doenças". Eles comentam também que, na última década, "houve uma mudança nos cuidados de saúde mental, passando-se a focar não na redução dos sintomas, mas na melhoria da saúde mental positiva (Organização Mundial da Saúde, 2018)" (2023, p. 12). Além disso, foi introduzida uma avaliação da qualidade dos estudos examinados. "Para avaliar o risco de viés, a qualidade do estudo foi codificada como forte, moderada ou fraca" (p. 7), com base numa ferramenta de avaliação da qualidade para estudos quantitativos (Armijo-Olivo *et al.*, 2012). Obviamente, observam, estudos classificados como de baixa qualidade "afetam negativamente a validade interna (ou seja, a conclusão causal), o que pode levar a uma estimativa tendenciosa do efeito global" (p. 7).

Para se ter uma ideia da distribuição geográfica das pesquisas incluídas, cabe notar que a maioria foi realizada na Turquia (8), seguida de Estados Unidos e Israel (4 cada), Brasil e Irã (3), Alemanha, Austrália, Bulgária, Canadá, Escandinávia [sic], Espanha, Inglaterra e Reino Unido (1). Cabe dizer ainda que, com relação à qualidade dos estudos brasileiros, um deles foi considerado "moderado" e os outros dois, "fracos".

É curioso observar, por outro lado, que todos os estudos realizados para a validação de práticas psicodramáticas se concentram em seu caráter terapêutico. Se considerarmos a classificação sugerida pelo próprio Moreno, distinguindo as três modalidades psicodramáticas (exploratória, terapêutica, e educativa) — como demonstrei em *Moreno, o mestre* (2020, p. 289) — é evidente a redução feita pelos pesquisadores a apenas uma dessas três dimensões. Essa limitação, aliás, é reconhecida pelos próprios autores desse último estudo liderado por Hod Orkibi (2023), tendo em conta o que eles próprios recomendam: que futuras revisões sistemáticas e meta-análises possam "examinar intervenções baseadas no drama que não são consideradas terapias, mas que, no entanto, demonstraram ter benefícios terapêuticos" (p. 13).

◆

É fato que o Brasil está entre os países que têm apresentado algum avanço nesse trabalho de validação, como se vê nessa última revisão de 2023. Nela foram incluídos três estudos realizados por diferentes equipes brasileiras, valendo a pena destacar aqui os principais aspectos por elas levantados.

Cronologicamente, o primeiro deles é "Psicoterapia psicodramática combinada ao tratamento medicamentoso no transtorno depressivo maior — Um estudo aberto e naturalístico". Publicado em 2006 pela *Revista Brasileira de Psiquiatria*, foi realizado pelos pesquisadores da Universidade de São Paulo (USP) Elisabeth Maria Sene-Costa, Rosilda Antonio e Ricardo Alberto Moreno (do Grupo de Estudos de Doenças Afetivas — Gruda) e Márcia Britto de Macedo Soares (do Projeto de Assistência e Pesquisa em Transtorno Bipolar — Proman), ambos da Faculdade de Medicina daquela instituição.

Resumidamente: eles informam que 20 pacientes "em tratamento farmacológico para depressão leve a moderada" foram divididos em dois grupos. "Os do grupo psicoterápico participaram de quatro sessões individuais de psicoterapia psicodramática e de 24 sessões de psicoterapia psicodramática em grupo". Já os pacientes do grupo controle não participaram de nenhuma sessão. Como conclusão, afirmam os pesquisadores que "a psicoterapia psicodramática individual ou em grupo, associada ao tratamento farmacológico, proporciona bons resultados no tratamento do transtorno depressivo maior" (Sene-Costa *et al.*, 2006, p. 40).

Já o segundo trabalho, "The effect of psychotherapy in patients with PD — A controlled study" [O efeito da psicoterapia em pacientes com doença de Parkinson — Um estudo controlado], publicado em 2010 pela revista *Parkinsonism & Related Disorders*, foi realizado por uma equipe da Faculdade de Ciências Médicas da Universidade Estadual de Campinas (Unicamp), composta por Erika Sproesser, Maura Viana, Elizabeth Quagliato e Elizabeth Pedroso de Souza. A equipe pretendia "avaliar se a psicoterapia de grupo foi eficaz na melhoria da qualidade de vida e se diminuiria os sintomas de ansiedade e depressão em pacientes com doença de Parkinson". Para isso, 16 indivíduos com a doença foram divididos aleatoriamente em dois grupos, experimental e controle.

Segundo o resumo dos autores, "a análise estatística mostrou efeito significativo da interação grupo *versus* tempo em depressão, ansiedade e qualidade de vida, e mudanças positivas em depressão, ansiedade e qualidade de vida para os pacientes tratados em grupo" (Sproesser *et al.*, 2010).

Evidentemente, haverá outros trabalhos realizados no Brasil que busquem validar as experiências psicodramáticas. Não tratei aqui de fazer uma pesquisa extensa a esse respeito, mas apenas de ressaltar a importância de fundamentar nossas práticas com instrumentos comprobatórios, tal como tem sido feito internacionalmente pelo menos a partir dos anos 1950.

Em todo caso, é sempre bom lembrar que os processos sociopsicodramáticos não se esgotam em suas pretensões científicas, mas dependem necessariamente também de práticas criativas, em relação às quais a mais adequada abordagem de validação constitui o que o próprio Moreno definia como "existencial".

3. Validando a *Autobiografia de um gênio*: até que ponto?

Tomando como ponto de partida a data da morte de Moreno (14 de maio de 1974), é fato que sua autobiografia quase completa só chegou ao conhecimento do público 45 anos depois (2019). O que saiu antes foi uma versão abreviada, com edição de texto feita por Jonathan David Moreno e datada em 1985. Ele mudou o título dado pelo pai, cortando a palavra "gênio" e acrescentando ao nome de Moreno o título de "M.D." [médico]. Publicada em duas partes pela revista *Group Psychotherapy, Psychodrama and Sociometry* [Psicoterapia de grupo, psicodrama e sociometria] em suas edições de primavera e verão de 1989, respectivamente, durante as comemorações do centenário de nascimento oficial dele, essa edição trouxe à luz cerca de 40% do texto ditado pelo psiquiatra (Moreno, 1989).

Esse "quase completa" tem que ver com dois problemas básicos. O primeiro é a falta do último capítulo, que deveria cobrir os anos de "1952 a 1973", de acordo com uma folha que encontrei entre os papéis deixados por Zerka. Nela, sob o título "JLM outline of autobiography" [esquema da autobiografia de JLM], com data de 3 de agosto de 1973, aparecem os nomes provisórios dos diferentes capítulos e o estimado número de páginas para cada um deles. Entre os que ainda estavam por compor, havia três, entre os quais esse último, com previsão aproximada de 30 páginas.

No entanto, o capítulo com esse período de 22 anos não aparece em lugar nenhum. É como se Moreno não tivesse tido tempo de terminar seu trabalho autobiográfico, como afirmam os três editores da edição *Autobiography of a genius* de 2019 em sua introdução: "Nos últimos anos, Moreno tentou concluir este projeto, mas simplesmente ficou sem tempo".

Acontece que Lewis Yablonsky, um dos amigos mais próximos do psiquiatra, conta algo diferente em sua vinheta "Moreno and me" [Moreno e eu], publicada ao final da edição abreviada, a partir de seu livro *Psychodrama* (1976). Ao narrar detalhes de sua visita ao amigo semanas antes da morte de Moreno, Yablonsky comenta a sugestão do próprio para que ele lesse uma cópia de sua autobiografia. "Passei a tarde na sala de jantar, ao lado de seu quarto, lendo sua autobiografia ainda inédita", diz ele.

> Li durante cinco horas, parando apenas para rir com ele de algum episódio engraçado em que ele perdeu a virgindade, ou para investigar com ele um ponto intelectual.
>
> Ao chegar ao fim da leitura da autobiografia, notei uma vinheta relacionada a Freud de que ambos gostamos especialmente. Na megalomania criativa de Moreno, ele escreveu como tinha morrido e, claro, ido para o céu. Como parte do prêmio celestial de Moreno, junto com outros filósofos, foi-lhe permitido participar de um diálogo eterno com algumas das mentes brilhantes da história. Nesse dia específico, Moreno foi alvo de um julgamento intelectual que envolveu uma grande sessão amistosa entre Spinoza, Einstein, Hegel, Cristo, Freud e outros luminares.
>
> O assunto, claro, eram os méritos relativos do psicodrama *versus* a psicanálise. Após várias horas de um debate brilhante, o grupo chegou a um impasse. Um membro celeste do grupo, notando que Freud permanecera estranhamente silencioso ao defender sua posição, perguntou-lhe o que ele achava do psicodrama de Moreno.

Finalmente, Freud reconheceu com relutância: "Se eu tivesse vivido mais, certamente também teria me tornado um psicodramatista como Moreno". (Yablonsky *apud* Moreno, 2019, p. 334)

Pelo que conta o saudoso Yablonsky, é evidente que Moreno já tinha terminado pelo menos o rascunho da autobiografia. Porém, não há nenhum sinal, nem do último capítulo nem do desfecho descrito por Moreno e lido por Yablonsky. E, de acordo com a história contada pelos editores ao introduzirem a nova edição, "em setembro de 2018, no mesmo dia em que muitos se reuniram na Biblioteca Countway para comemorar a inauguração da Coleção Zerka T. Moreno, foi encontrado o capítulo final que presumíamos estar perdido". Portanto, concluem, "esta é a completa 'Autobiografia de um Gênio'". Certo?

— *Nem tanto, mestre.*

Na realidade, o texto apresentado como capítulo final, "Epilogue — The maturation of psychodrama and the death of its creator" [Epílogo — O amadurecimento do psicodrama e a morte de seu criador] já estava entre os papéis deixados por Zerka e recebido em maio de 2013 por Ed Schreiber, seu editor de texto e diretor da Fundação Zerka T. Moreno. Foi quando Zerka se mudou de Charlottesville, Virgínia, para uma casa de repouso em Rockville, Maryland. Ela então teve de se desfazer de grande parte de seus pertences, incluindo uma vasta documentação sobre Moreno e suas criações conjuntas. Coube a Ed Schreiber guardar esse material, que ele levou para sua residência em Easthampton, Massachusetts.

Assim que soube, fui vê-lo lá, ainda em maio de 2013, mas dessa vez não foi possível examinar as 14 caixas deixadas por Zerka. Já na segunda visita, em julho, pude abrir uma delas, rotulada como "J. L. Moreno papers", creio, onde encontrei a maior parte das páginas da autobiografia, cópias de uma versão anterior à de Jonathan. Foram horas fotografando 341 páginas, entre as quais as oito do tal "Epílogo" e a tal folha com o "esquema da autobiografia", que mantenho em arquivo. Mas nada do capítulo "1952 a 1973".

Assim que estudei esse "Epílogo", comecei a duvidar da autenticidade do documento como sendo do próprio Moreno. Daí ter decidido perguntar ao Jonathan a respeito. Aproveitando uma das oportunidades em que estive em sua casa, em Washington D. C., no dia anterior à ida para ver Zerka na Rockville Nursing Home [Casa de Repouso de Rockville], em 20 de maio de 2015, comentei com ele sobre o tal documento, elogiando inclusive a qualidade do texto. No dia seguinte Jonathan me respondeu por e-mail: "Agora estou confiante de que o artigo que escrevi, e de que você gostou, foi escrito em 1974, alguns meses depois da morte de J. L., e enquanto eu estava fazendo pós-graduação em Nova York". No mesmo dia, agradeci a informação, comentando se tratar de "um dos exemplos mais notáveis de inversão de papéis" (comunicação pessoal via e-mail, 21 de maio de 2015).

Desconheço as razões que levaram os editores a recorrer a esse recurso típico de "realidade suplementar", mas estou certo de que, por enquanto, a *Autobiografia de um gênio* continua incompleta. Aí é que aparece, pela primeira vez, o gato escondido com o rabo de fora.

◆

Já o segundo problema básico tem que ver com a própria noção de "autobiografia completa" sustentada pelos três editores. Na realidade, desde que começara a pesquisa em 2012 na biblioteca Francis Countway, tinha me dado conta de que a "caixa 96" — *Unpublished works* [Trabalhos não publicados] — trazia 16 pastas (números de 1572 a 1587), mas nenhuma delas continha a versão editada por Jonathan em 1985.

É verdade que o biógrafo René Marineau não apenas incluiu em sua bibliografia a referência a "J. L. Moreno (1985) (direitos autorais de Zerka T. Moreno e Jonathan D. Moreno) "The autobiography of J. L. Moreno, M. D.", Arquivos de Moreno, Universidade Harvard, Boston, Estados Unidos", mas também fez citações a essa obra pelo menos 56 vezes em seu livro *Jacob Levy Moreno, 1889-1974 — Pai do psicodrama, da sociometria e da psicoterapia de grupo* (1992), páginas 179, 182-192 e 200.

Nas inúmeras vezes em que frequentei aquela biblioteca, constatei que "The autobiography of J. L. Moreno, M. D." continuava não figurando entre os arquivos ali depositados. As 16 pastas continham apenas as versões anteriores preparadas por Moreno a partir dos anos 1950. Também é certo que Marineau bem tinha avisado, na segunda nota do primeiro capítulo desse seu livro:

> A autobiografia deve ser usada com cuidado especial: as diferentes versões devem ser comparadas e submetidas a confirmação cruzada com outros materiais de arquivo e testemunhas. Tentei verificar cada história da *Autobiography*, com considerável êxito. Entretanto, os pesquisadores deveriam notar que ela contém aspectos mitológicos e uma representação subjetiva do papel de seu autor na história mundial. (Marineau, 1992, p. 180)

Porém, essa advertência passou a ser impraticável, já que mais da metade desse documento-chave continuava inacessível. Tentei inicialmente obter uma cópia dele com o próprio Jonathan, por e-mail:

> Comparando a versão da *Revista de Psicoterapia de Grupo, Psicodrama e Sociometria* e a biografia de Marineau, encontrei vários

fragmentos citados que não constam do texto da revista. Na verdade, no de 1989 há muitos pontos de suspensão aqui e ali. Você por acaso ainda tem uma cópia do texto que você editou, para que eu pudesse ter acesso? (comunicação pessoal via e-mail, 11 de outubro de 2012)

Sua resposta não deixou margem a dúvidas: "Não tenho mais o texto original. Aqueles eram os tempos das máquinas de escrever" (comunicação pessoal via e-mail, 11 de outubro de 2012).

Tentei também obter de Marineau uma cópia da versão editada por Jonathan. Ele me recebeu muito amavelmente, quando me desloquei até Yamachiche em maio de 2013. Nessa primeira visita, ele me ofereceu inclusive documentos impressos e visuais importantes para a pesquisa que eu estava fazendo, como parte da tese doutoral sobre Moreno e psicodrama na Universidade de Buenos Aires. Mas tive de visitá-lo uma vez mais, em setembro de 2014, para finalmente ter acesso à cópia da versão do Jonathan. Sem ela, argumentei na época a Marineau, eu não teria como validar boa parte das referências biográficas feitas por ele em seus livros, uma vez que não havia como verificar a autenticidade das citações à autobiografia de Moreno.

◆

Graças ao material deixado pela Zerka e à versão de Jonathan proporcionada por Marineau, passei a ter elementos suficientes para uma análise comparativa entre a versão abreviada de 1989 e as duas versões agora disponíveis do texto original. Do ponto de vista quantitativo, por exemplo, pude constatar que os quatro capítulos mais extensos eram respectivamente: o sétimo, dedicado ao período vivido por Moreno em Bad Vöslau (16,4%); o oitavo, "Um profeta sonha", sobre os primeiros anos no continente americano (12,6%); o sexto, sobre a Viena do pós-guerra (12,3%); e o primeiro, sobre seus primeiros anos de vida (11,5%). Pelo que pude calcular — em número de linhas, uma vez que, em agosto de 2014, não dispunha de nenhuma versão digital —, os demais capítulos não chegavam a 10% cada, em extensão.

Ao comparar o texto publicado com o material ainda inédito, constatei, por outro lado, que o capítulo 7, sobre Bad Vöslau, era o que mais conteúdo restava por publicar (71%), seguido do sexto, "Viena do pós-guerra" (56,9%); do nono, "Minha busca de uma nova musa" (54,3%), e do oitavo, "Um profeta sonha" (52,3%). No total, concluí que pelo menos 55,3% do texto autobiográfico continuava inédito, sem considerar, evidentemente, o capítulo faltante.

— *Mas, afinal, quanta importância tem essa autobiografia?*

É o que pode se perguntar alguém com um senso crítico mais agudo. A resposta dada pelo próprio Moreno está justamente entre os materiais que continuam inéditos, e que cheguei a citar na introdução de *Moreno, o mestre* (Guimarães, 2020, p. 10): "Minha autobiografia é indispensável para a compreensão do meu trabalho; portanto, é importante estudar minha vida em todos os seus desenvolvimentos concretos".

O que me fez continuar com a pulga atrás da orelha foi ter observado outros detalhes. Tanto na versão abreviada de 1989 como nas cópias feitas em 2005 e 2008 por Greg Tomeoni, da Copy Central de Berkeley, Califórnia, os fragmentos autobiográficos vinham devidamente identificados por pontos de suspensão do tipo "..." ao final de cada trecho. Reticências entre colchetes [...] foram também utilizadas na versão brasileira do texto, com tradução do médico psiquiatra e psicodramatista Luiz Cuschnir. Curiosamente, no entanto, esses indicadores desapareceram da edição de

2011, a cargo da North-West Psychodrama Association, comercializada pela empresa digital Lulu. A mudança, claro, dificultou a leitura crítica dessa versão abreviada, como se a identificação dos trechos faltantes já não tivesse importância.

Pelo sim, pelo não, continuei insistindo para que o texto completo viesse a público. Forneci inclusive aos editores da nova edição de 2019 todo o material da "caixa 96" — *Unpublished works* [Trabalhos não publicados], que havia fotografado na biblioteca de Harvard. Daí eles mencionarem, logo na introdução, o apoio que lhes prestei, incluindo minha visão "dos aspectos históricos desse documento e das peças que faltavam anteriormente" (Moreno, J. L. 2019, p. 10). Tudo certo, então? Quase.

Ah, sim, antes que eu me esqueça: na última visita que fiz a Jonathan em sua casa, em junho de 2016, ele finalmente me mostrou uma caixa com os materiais da autobiografia de Moreno, cujo texto tinha sido editado por ele com data de 1985. Pude verificar então que aí estavam todos os capítulos, menos o último.

Cadê o gato?

◆

Além do tal último capítulo, continuam faltando na edição de 2019 várias das peças que Moreno foi produzindo desde os anos 1950. Quer ver algumas? Estão todas arquivadas no Centro de História da Medicina, na tal caixa 96. A numeração de páginas que aparece ao final de cada fragmento, aliás, corresponde à compilação que fiz, num total de 395 páginas, e não à ordem em que aparecem nas pastas, uma vez que várias delas estão explicitamente classificadas como "desordenadas".

Assim, graças ao trabalho de tradução feito pela experiente psicodramatista Yvette Datner com algum apoio meu, aqui vão elas. Os títulos em itálico foram dados pelo próprio Moreno. Já os em negrito foram sugeridos por mim.

Prefácio

Minha autobiografia é indispensável para a compreensão do meu trabalho; portanto, é importante estudar minha vida em todos os seus desenvolvimentos concretos.

Este livro é a história de um homem que tinha um extraordinário dom para o carisma — liderança religiosa, e que mudou para se tornar um homem possuidor de um dom extraordinário para a liderança científica. Quais foram as forças que provocaram essa mudança? Esta história mostra que há uma essência comum, tanto no carisma religioso como no científico. Quando a vida de um homem está em jogo, a segurança de toda a humanidade está em jogo, pois a busca da verdade e a luta pela integridade pessoal são inseparáveis. (p. 274)

◆

Introdução — Autobiografia de 160 milhões de gênios

Cento e sessenta milhões de estadunidenses que lerão o título deste livro, AUTOBIOGRAFIA DE UM GÊNIO, poderão reagir com: "Não, não, não, quem se atreveria a dizer que é um gênio? Eu sou um gênio tanto quanto ele", diriam. Esta não é, portanto, a minha autobiografia, mas a de cento e sessenta milhões de gênios.

Quem se atreve a dizer que é um gênio *em voz alta*, mesmo que o seja? Ser um gênio, tudo bem, mas que ninguém saiba disso. Deixe que eles descubram, não continue dizendo que *você* disse isso sobre si mesmo. Deixe que outra pessoa, um bom amigo, diga isso, mas não você. Quando Jesus curou os doentes e deixou que as crianças viessem a ele, e quando assim se apresentou, o mundo inteiro o seguiu. Mas quando revelou a sua própria identidade, "Eu sou o filho de Deus", eles o crucificaram. Na vida de Jesus, toda a nossa cultura por inteiro foi julgada. O que foi proibido para ele é proibido para cada um de nós.

Não estou amedrontado com a crucificação. Não vou esperar até minha espontaneidade se evaporar. Não vou esperar até que o ato caia morto. Minha recomendação é: "Seja espontâneo, atue".[2] (p. 2).

De acordo com dados oficiais do recenseamento nos Estados Unidos, a população estimada naquele país em 1953 era de 160.228.000 habitantes, o que corresponde ao período no qual Moreno terá escrito essa introdução (Census, 1953).

◆

O porquê da palavra "gênio" no título

O título *Autobiografia de um gênio* pode ser ofensivo para muitos leitores. Na realidade, não é nada mais do que uma expressão direta de uma filosofia de vida que este livro tenta documentar. Em psicoterapia de grupo e na prática psicodramática, é axiomático que uma pessoa possa ser agente terapêutico de outra. Essa é a razão pela qual tratamos as pessoas em grupos. Isso não quer dizer que elas sempre possam ajudar uma à outra, mas, pelo sim ou pelo não, você nunca saberá, a menos que experimente. Você nunca descobrirá se, ao tratá-las separadamente, elas deveriam ser colocadas juntas. É igualmente inquestionável, para nós, que deve ser permitida a atuação dos sentimentos de um em relação ao outro, para testar a capacidade de cada um de forma tão razoável quanto possível. Por isso, as técnicas de dramatização tornaram-se características dominantes na psicoterapia de grupo e no psicodrama. Essa foi a razão pela qual um veículo especial foi

---

2. Caixa alta e itálicos no original.

introduzido, o palco psicodramático, para dar às tendencias de atuação um reconhecimento oficial e oportunidades de utilização. Todos os prós e contras que podem existir entre elas surgem no decorrer dessa interação. E só podem ser compreendidos pelo terapeuta quando essa interação ocorre de fato.

Esses dois princípios se aplicam ao título deste livro. Estou pondo no título a palavra "gênio", a mesma coisa que tentei representar no decorrer da minha vida criativa, a hipótese sobre a qual continuo a trabalhar e criar, que sou um gênio. Devo me negar a colocar uma característica essencial no título do livro, aquela que tem sido parte da minha vontade interna e objetivo? Devo suprimi-la para me conformar, ou devo trazê-la à tona, abertamente, na interação e interagir com os leitores, amigos, oponentes e indiferentes, conforme estivermos atuando em nossas sessões? Os prós e contras dentro de mim produzirão prós e contras entre os leitores deste livro. Daí que não se encerrarão na página 325, mas ecoarão continuamente na comunidade. O método de trabalho da vida da natureza em todas as suas dimensões. No nível biológico, os órgãos de reprodução não são encontrados em qualquer lugar, mas estão armazenados em indivíduos especiais.

Do mesmo modo, o gênio é o ancoradouro da criatividade. Não se encontra por aí. Sem ele torna-se estéril. Por outro lado, há um outro fato indiscutível que acompanha o surgimento do gênio. Ele não surge no vácuo. Resulta de interações complexas, resulta da interação de numerosos indivíduos com quem ele forma pequenos grupos visíveis ou invisíveis. Eles estão muitas vezes vinculados uns aos outros por meio de redes inconscientes de comunicação ou por telepercepção misteriosa. Esta teoria pressupõe que: (a) todos os indivíduos envolvidos em um processo criativo específico estão em constante interdependência e comunicação um com o outro; (b) essa comunicação pode ser consciente ou inconsciente para os membros; (c) suas interdependências têm uma estrutura hierárquica; no centro do círculo está o indivíduo, o gênio-"chave", que é a fonte máxima de inspiração e produtividade; todos os demais são indispensáveis ao processo, mas com uma conexão mais fraca. Quanto mais no centro estiver um indivíduo, tanto mais ele é afetado pela síndrome do gênio; quanto mais longe um indivíduo do centro, tanto menos específica se torna sua contribuição. (p. 365-366)

◆

Definição de gênio

Gênio: na Roma antiga, gênio era definido como "um espírito da bondade ou um demônio que supostamente acompanhava o homem durante toda a sua vida, ou o éter de dois espíritos acompanhantes, um bom e outro mau [...]". E também 1) "dons muito extraordinários ou poderes naturais, especialmente demonstrados na criação original, na descoberta, expressão ou realização; 2) capacidade extraordinária, considerada relativamente independente de instrução ou de treinamento; como um poeta, um pintor, um orador, um inventor ou soldado de *gênio*. Dotação ou aptidão notável para alguma atividade especial, arte, estudo; extraordinária capacidade natural ou tendência; como um *gênio* para a oratória; um *gênio* para a arte. Uma pessoa com habilidades fenomenais, ou poderes extraordinários e originais para a produtividade em ciência, arte, filosofia, literatura, guerra ou liderança pública; por exemplo, um *gênio* como Newton, Mozart, Shakespeare ou Napoleão. *Gênio* é maior do que *talento*, mais espontâneo, menos dependente de instrução, menos receptivo a treinamento; 3) o *talento* é em grande parte a capacidade de aprender, adquirir, apropriar-se, adaptar-se às demandas. 4) Sim, o *gênio* que conquistou o maior e mais duradouro sucesso foi acompanhado por uma incansável diligência e um trabalho meticuloso".[3] (p. 268)

---

3. Itálicos no original; numeração de 1 a 4 a lápis.

Funk & Wagnalls — *New standard dictionary of the English language*, N. Y. e Londres, 1935. Gênio não é um simples poder, mas uma combinação de grandes poderes. E. P. Whipple, *Lit. and Life, Genius*, p. 158 (H. M. & Co., 1887).

◆

Reflexões sobre gênio

Gênio deriva de *genus*; está relacionado com gênesis, genealogia, genética, gene. Há uma raiz etimológica comum. Gênio é o indivíduo que expressou em sua vida ou obra as aspirações coletivas de toda a espécie humana, ou de uma parte substancial dela. Quanto melhor ele fizer isso, mais será um gênio. Há muitas dimensões de expressão em cada cultura e muitos graus de representação; portanto, há graus de gênio, gênios menores e maiores. O gênio absoluto resulta da universalidade absoluta.

A *Autobiografia de um gênio* tem uma missão particular se o gênio for também rebelde, um rebelde *com* causa. Este gênio tem uma causa, é a autobiografia de duas gerações, 1900-1925 e 1925-1950, refletida na vida criativa de um único indivíduo.

Uma autobiografia é como a história de um caso escrita pelo próprio cliente. Quanto mais distante ele consegue ficar de si mesmo, mais se aproxima do relato de caso. Quanto mais próximo ele estiver de si mesmo, mais se tornará uma autorrevelação, uma confissão. Se o autobiógrafo olhar para si mesmo e para suas experiências com o olhar de um artista, o material poderá assumir a forma de uma obra de arte. Muitos romances são autobiografias inconscientes e muitas autobiografias acabam se tornando romances inconscientes.

A primeira e última coisa exigida do homem é o amor ao gênio.

Há duas teorias atuais sobre o gênio: uma delas é a teoria do "grande homem", que sustenta sua milagrosa e absoluta singularidade, o iniciador e construtor da história, que não se explica pelas leis da hereditariedade e não pode se reproduzir e procriar gênios, o que é outra ilustração de sua singularidade. Já a outra teoria, a "teoria grupal do gênio", sustenta que ele é inteiramente um produto do grupo, criado por seu tempo, não por ele mesmo. Ofereço aqui uma terceira teoria, que ocupa uma posição intermediária, a teoria da interação do gênio. Começa com a proposição de que há uma criatividade genuína embutida em indivíduos especiais. A criatividade não teria sentido se não fosse pelo evento da individualização concreta. Ela seria dispersa e flutuaria sem ancoragem. […] (p. 181-182).

◆

Período de transição

Com a vontade de "romper" para alcançar a vitória, não apenas a vitória individual, mas para reabilitar e salvar o espírito coletivo do século 20, tentei, antes de dar o salto, avaliar claramente os obstáculos do caminho.

O primeiro obstáculo que eu vi foi que nossa juventude havia sido doutrinada pela ideia de que *não* atuar era mais saudável do que atuar. Tacitamente, ficou impressionada com a noção de que não atuar era "mais seguro". O herói masoquista que se retirou da realidade e da ação, sofrendo em silêncio, ganhou um lugar especial de honra na hierarquia de valores. Em outras épocas, em outros períodos da história, o comportamento masoquista do líder pode ter sido exemplar e único. Mas em nosso tempo, na era do livro, essa estratégia se tornou universal. O livro tem uma função peculiar. Ele permite que o leitor-autor remova sua presença real do leitor e que os falsos líderes governem por meio de robôs. É difícil imitar *a presença do gênio*, a expressão do seu olhar, a mobilidade de sua cabeça e de sua expressão, e a grandiosidade de seu encontro, mas *o livro é um desvio diabólico, no qual os idiotas podem se esconder atrás das palavras de homens sábios.*

O segundo obstáculo foi a excessiva ênfase dada à associação de gênio com insanidade e morbidade. Foi dada ampla publicidade a vários casos individuais, mas sem evidência científica objetiva para essa reivindicação. Postulei, portanto, a hipótese de que *a genialidade e a saúde andam juntas*, a física e a mental, e que, no grupo de gênios, o número de transtornos mentais e desvios antissociais não é maior, ou talvez seja até menor, do que entre qualquer outro grupo de pessoas. A tendência de associar a criatividade genial com algum tipo de insanidade, e a incapacidade de diferenciar uma coisa da outra, foi um dos sinais de que certas ciências mais recentes tiveram um efeito deletério sobre a relação da criatividade com o artista.

Deve ser óbvio para qualquer pessoa que conheça meus escritos anteriores a que ciência me refiro. Trata-se da psicanálise, a *bête noire* [besta-fera] do século 20. Um teste de realidade no nível de gênio foi necessário para demonstrar que um homem pode experimentar as mais loucas e fantásticas ideias se tiver o equipamento físico e mental para lidar com elas. Assim, ele pode manter seu equilíbrio, manter-se fora de perturbações e ter autocontrole na máxima extensão da palavra, ao menos como qualquer homem que vive uma vida monótona. Ele não terá medo. Ele pode depender do vigor do seu corpo, da solidez de sua mente para levar suas ideias à realização.

O terceiro obstáculo no caminho para restaurar a respeitabilidade do gênio foi o rápido crescimento dos especialismos. O *gênio* é *universalidade* e *objetividade*. Por mais contribuições que ele possa ter feito em uma ou duas especialidades, a marca final do gênio vivo é a universalidade de sua liderança dentro do contexto de sua cultura; deve ser uma pessoa ou um ser capaz de conquistar dignidade e respeito e que possa despertar as massas populares para uma vida que seja significativa e valiosa. Pessoas comuns podem ser transformadas em figuras mundiais por causa do líder. O poder de um líder depende de sua capacidade de criar outros líderes. O que um seguidor espera de um líder é tornar-se também um líder. (p. 11-12).

◆

A origem da culpa

Há duas maneiras de explicar a origem da culpa. A primeira pode ser mais bem ilustrada com a figura de Gautama Buda. Diz-se que o príncipe Gautama, quando jovem, caminhando com seu tutor pelas ruas de uma grande cidade, viu, de repente, um homem cair e ser carregado. Perguntou imediatamente ao tutor o que havia acontecido com o homem.

— O que é isso? Por que o homem não consegue andar com as próprias pernas?

Disse o tutor:

— Gautama, é um homem que está doente.

— Doença, o que é doença? Por que deveria haver doença? Que tipo de mundo é este onde há doença? Existem outras formas de doença?

— Sim — disse o tutor. — Há centenas de variedades de doenças que afetam o corpo humano.

Gautama ficou em silêncio e continuaram a caminhada quando, de repente, viram um homem deitado imóvel no chão. Quatro homens o colocaram num veículo e o levaram embora. Gautama correu para tocar no homem, mas o tutor o segurou e disse:

— Não faça isso.

— Por que não? — perguntou Gautama. — O que é isso? Qual é a condição desse homem para que você não queira que eu o toque?

— Bem — disse o tutor — seu corpo está frio. Esse homem está morto. Sua vida chegou ao fim. Não há mais vida nele.

— Bem — disse Gautama, pensativo — Que universo é esse onde há morte?

— Primeiro existe a doença, e algumas delas levam à decadência, à morte, ao fim da vida — respondeu o tutor.

Muito perturbado, Gautama continuou a caminhar, até que viram uma jovem mulher com um bebê recém-nascido nos braços, mamando no peito.

— O que é isso? — perguntou Gautama.

— Essa mulher deu à luz um bebê. Esse bebê agora vai crescer.

— Sim — respondeu Gautama — ele crescerá e um dia ficará doente, e será como o homem que vimos antes com doenças do corpo, e essa doença o transformará naquele outro homem que vimos morto, estava frio e começando se deteriorar. Ah, que tipo de universo é esse?

— É uma cadeia, nascimento-doença-morte. A doença leva à morte e a morte leva de volta ao nascimento, e o nascimento à doença. Esse é o ciclo, eterno e irreversível.

E Gautama:

— Vejo agora a origem de tudo isso; aquele que deu origem a tudo isso é o Brama, o criador do universo. Ele é o culpado. Culpado pelo nascimento, culpado pela doença e culpado pela morte. Ele criou a corrente. Ele é o culpado por todo o sofrimento e por todas as coisas que nos acontecem.

O tutor permaneceu em silêncio.

— Ah — disse Gautama — eu não quero participar disso. Quero me libertar disso. Não quero ser contaminado pelo que Brama fez.

Há outra maneira de explicar a origem da culpa. Basta recapitular com você a figura de Cristo. Ao passar pelas ruas do Getsêmani, ele também deparou com três situações. Primeiro, viu um homem doente e coxo. Ele o tocou e este voltou a andar. Segundo, viu uma mulher com um bebê nos braços. Ele não virou a cabeça, mas disse:

— Deixem as crianças virem até mim.

E elas *foram* até ele.

Terceiro, viu um homem que estava morto havia várias horas. Ele o ressuscitou da morte. Jesus era o parceiro de Deus. Para ele, a origem da culpa repousava em um universo esquizoide, na separação do homem diante do universo, na separação do homem diante da sociedade humana, na separação da sociedade humana diante do cosmos.

A identidade do homem e do universo deve ser levada à sua conclusão final. A empatia de Deus pelo homem encontra uma resposta na empatia do homem por Deus. Deus não pode criar, não pode se mover, não pode manter o universo sem a ajuda e a interação dos milhões de seres que compõem o universo. A culpa é transferida de Brama para todos os seres que ele criou, para cada pequena partícula do universo. A culpa está centrada em cada ato, em cada indivíduo, em mim e em você. Se não houver Deus, nenhum criador, nenhum universo, nenhum mundo digno de existência, é o "nós" que suporta a culpa. Quanto mais incapazes formos de participar da criatividade do universo, da sua continuação e da sua glória triunfante final, mais profunda será nossa culpa. No caso de Gautama Buda, o esforço consciente para se separar de Brama foi considerado um ato de libertação. No caso do Pai-criador, quanto mais separados estamos dele e do universo, menos livres ficamos e mais profunda se torna a nossa culpa. De acordo com essa visão da vida, é apenas o universo que vive. Nossa imortalidade está no universo que pudermos criar.[4] (p. 26).

◆

A história do dinheiro

Comecei minha prática médica sem aceitar dinheiro dos pacientes. Toda vez que um paciente queria pagar, minha governanta tinha a difícil tarefa de explicar que o serviço não era cobrado. Isso fez que essa prática se espalhasse e minha sala de espera estivesse sempre cheia de

---

4. Itálico no original.

pacientes até tarde da noite. As pessoas começaram a trazer presentes, ovos e galinhas, trigo e milho, presunto e pão; afinal, todo tipo de produto. Eu não conseguia nem de longe recusar essa graciosa espontaneidade. Minha boa governanta começou a se dedicar gentilmente a receber, abrir e arquivar as mercadorias. Muitas vezes vi indivíduos estranhos entrando e saindo, sussurrando de um lado para o outro, na entrega e no transporte de mercadorias.

Eu não prestava atenção a isso, mas uma noite fui acordado por sons estranhos vindos do quarto dela. Fiquei preocupado, então entrei e encontrei a velha senhora empilhando coroas e florins de prata, notas pequenas e grandes. Ela confessou que, pelas minhas costas, havia trocado esses alimentos e mercadorias, recebidos em quantidades maiores do que poderíamos usar, por mercadorias que não tínhamos. Aí eu entendi os dois ternos e o casaco de inverno que ganhei de Natal, assim como os sapatos, as camisas, as novas camas e escrivaninhas novas e a bonita mobília do meu escritório. E ela disse com convicção: "Foi tanta coisa trazida para nós durante o ano passado que eu vendi por dinheiro. Aqui estão centenas de florins". Eu era um homem rico.

Foi assim que meu esforço para tratar os pobres sem aceitar dinheiro foi frustrado (p. 53).

◆

Dinheiro nos Estados Unidos

Quanto mais dinheiro eu recebia por uma sessão psicodramática, melhor ela se tornava. Quanto maior o público presente, mais impressionante era meu desempenho. Parece que eu não conseguia resistir ao dinheiro e não conseguia resistir a um público. Poderíamos concluir que nos Estados Unidos a espontaneidade aumenta com o número de dólares recebidos e que o *status* sociométrico aqui aumenta com o número de dólares que um homem ganha — "*homo metrum*". Pode-se concluir também que a espontaneidade do profeta aumenta com o número de clientes que ele tem (contraespontaneidade).

Que contraste com o Wunderdoktor, o doutor maravilha de Vöslau e seu coração dominado pela caridade! Quanto menos ganhava, mais espontâneo ficava. Ele atingia o clímax de sua espontaneidade e de sua catarse quando não ganhava nada.

Eu descobri que há muito mais gênios aqui do que na minha terra. Essa é a razão de a América ter sucesso. São bem tratados e todos têm uma oportunidade. Eles são chamados por nomes diferentes, como "cara legal", "excêntrico", "idiota", "mesquinho", "inconsciente", "vagabundo", "mau ator", "palhaço" e muitos outros. Quer dizer que eles têm um propósito, uma ideia especial que perseguem. É um país maravilhoso para gênios. Pode ser a razão pela qual eles o chamam de "país de Deus".

Há espaço para muitos outros, pode enviar mais se você conhecer algum. Lembre-se de Moritz, que inventou um prego especial para caixões, para que não possam ser abertos, e de Max, que inventou um terceiro olho, com o qual você pode ver tudo o que acontece "pelas suas costas". Há um tipo especial de pessoas aqui que cuidam deles, são chamados de "homens de relações públicas" ou "anjos". É um grande negócio. É diferente do que acontece na minha terra, onde os gênios morrem jovens, pobres e sem fama. Aqui, nos Estados Unidos, eles envelhecem, se casam, têm família e frequentemente se tornam diretores de banco. [...] (p. 141-142).

♦

Pré-diálogo I, parte 1 — As palavras cósmicas

Orador: Essas palavras são muito comoventes; algumas delas soam como se pudessem vir das exortações dos profetas. O estranho nelas é que Deus fala sozinho e a gente se pergunta como você conseguiu que

Deus falasse. Ou você imagina que a voz de Deus está falando o tempo todo e para todos os homens, e que a voz chega por meio de você? Posso até imaginar que há pessoas muito perceptivas que podem ouvi-Lo, mas há milhões que são surdas e não percebem a voz.

Moreno: Não é exatamente assim. Acredito que todos são alcançados pelas palavras, naquilo que chamamos de consciência, o veículo da voz. Todos nós ouvimos a voz, só que é como se ela viesse de muito longe, é muito fraca e suave.

Orador: Há uma outra questão que me intriga. É que esse Deus fala em inglês. Pode parecer ingênuo, mas, se Deus fala, por que a língua inglesa seria a preferida em relação a todas as outras línguas faladas pelos homens? Afinal, se ele não exclui nenhuma pessoa da Terra, como ouvi-Lo se ele fala apenas nessa língua?

Moreno: A resposta é simples: o próprio Deus não fala nenhum idioma em particular, mas o receptor ouve a voz no idioma ao qual ele está acostumado.

Orador: O que também me intriga é a RELAÇÃO do seu eu pessoal com o Eu do Deus cósmico. Nas Antigas Escrituras e nos livros dos profetas, o procedimento é diferente. Moisés, Josias e Amós ouviram a voz de Deus e transmitiram o que Ele disse. A voz de Deus usa o profeta como mediador de sua palavra, mas, no seu caso, pode não haver esse mediador, porque você é somente um na multidão e não possui uma designação especial.

Moreno: Concordo com você, mas há outra diferença entre os métodos de comunicação usados pelos profetas e o usado aqui. Nas obras proféticas, o profeta se refere a Deus como "Ele", que fala através desse profeta. Aqui, porém, Deus usa a forma pessoal, em que o "Ele" foi transferido do nível cósmico para o "Eu" ou o "Si mesmo". O local do advento mudou, portanto, do cosmos externo para o cosmos interno.

Orador: Não há aqui o perigo de você retornar a uma identificação antropomórfica com Deus — uma regressão ao Deus-homem, aquela mistura confusa entre Deus e o homem?

Moreno: Acredito que seja uma questão de maturidade, de separar coisas que deveriam ser mantidas separadas. [...] (p. 302-303).[5]

◆

Pós-diálogo I, parte 2 — O Deus "Tu"

Orador: E agora ouvimos as palavras do "Tu". Poderiam ser palavras das Escrituras Cristãs ou dos escritos.

Moreno: No entanto, a ênfase mudou. O Tu não está fora do "Si mesmo", mas está agora dentro do homem e integrado a ele. Há séculos sacerdotes ou outros indivíduos selecionados têm sido "chamados" para representar a voz de Deus. Agora, o Tu está em cada homem e integrado a ele. [...]

Orador: Estou disposto a aceitar que a criatividade do homem em sua mais alta forma está no mesmo plano e com magnitude semelhante às formas mais elevadas de criatividade em todos os lugares, em outros seres sensíveis no cosmos — se é que existem outros seres sensíveis.

Moreno: Acredito que a superioridade do mais alto tipo de criatividade no homem está acima até mesmo da mais intensa e estupenda criatividade que o homem tenha demonstrado nos mundos astronômicos e atômicos. [...]

Orador: Qual é o vínculo entre o homem e a criação do universo? Se a criação ocorreu há bilhões de anos (ou qualquer número extravagante), você estava lá naquela época e desapareceu e, de repente, saiu do ventre de sua mãe?

Moreno: Logicamente, eu devo ter estado lá no início dos tempos. [...]

Orador: O que mudou no decorrer de um século?

Moreno: As potencialidades do homem mudaram devido a duas revoluções. A primeira, no campo da física, que pode ser denominada

---

5. Caixa-alta no original.

revolução "físicocósmica", e a segunda, na área antropológica, que pode ser chamada de revolução "psicocósmica". Só recentemente o homem começou a pensar seriamente que não há nada que ele não possa produzir ou reproduzir pela tecnologia física ou química.

Orador: No entanto, para mim, parece que todas as maravilhas técnicas, mesmo que elas levem o homem à conquista de todo o espaço físico do universo, e a estabelecer colônias humanas em muitos planetas, e assim se perpetuar, não alteram o fato de que o próprio homem não mudou.

Moreno: Houve, sim, uma mudança. Em sua autopercepção e autodireção. Uma revolução maior do que a do mundo físico ocorreu no universo psicocósmico. É um despertar gradual. O "Eu" ou o "Si mesmo" do homem apareceu muito tarde no cenário mundial e, comparado a outros fenômenos, era uma aberração, um monstro psicológico, meio consciente e meio inconsciente. Durante eras, o homem não conseguia ver a si mesmo. Ele via primeiramente os contornos vagos do cosmos, e o impacto do cosmos em sua psique o beneficiou. Era como se ele se mirasse um espelho e, em vez de si mesmo, visse as máscaras dos poderosos (p. 304-306).

◆

Sobre o existencialismo

"Existencialismo" e "pessoa existencialista" são duas coisas diferentes. São similares somente no nome. Se uma pessoa existencialista surgisse, ela rejeitaria a forma atual de existencialismo como falsa e irrelevante. A pessoa existencialista em questão mostra seus problemas e conflitos por meio da dramatização direta e pública. A "teoria" de sua existência e seus feitos são suplementares, nada em si mesmo.

Descobri minhas ideias em experiências comigo mesmo e com pessoas ao meu redor, ao entrar em contato e em conflito com elas.

Tornei-me uma "pessoa existencial" e as incentivei a se tornarem um "grupo existencial". Todas as minhas descobertas em sociometria, psicoterapia de grupo e psicodrama podem ser atribuídas, em última análise, a experimentos particulares de natureza ética. Todas as "formulações" científicas são suplementares e desenvolvidas posteriormente (p. 371).

◆

Resistência ao psicodrama

Quando a psicanálise começou a se tornar uma força social, a resistência contra ela foi explicada devido ao descontentamento contra uma teoria que atribui motivos sexuais até mesmo às aspirações mais elevadas.

Quanto ao psicodrama, a resistência tem diferentes razões. Ele é a maior ameaça que já surgiu para o ego individual. Problemas de ordem privada são representados em público, propriedades psicológicas, experiências de tipo mais íntimo, que sempre foram consideradas o último ancoradouro da identidade individual, são instadas a ser renunciadas em favor do grupo. O indivíduo é instado a encarar a verdade de que essas experiências não são realmente "dele", mas propriedade psicológica pública. Essa perda de toda a presumida individualidade não pode ser abandonada sem luta. É dito ao indivíduo que ele deve sacrificar o seu maravilhoso isolamento, mas sem a certeza de que o psicodrama seja capaz de substituir o seu investimento (p. 71).

◆

A neurose histriônica de Eleonora Duse

Em sua última turnê pela Europa após a Primeira Guerra Mundial, vi a atriz Eleonora Duse em "The lady of the sea", [A dama do mar] de Ibsen. Foi uma excelente atuação, mas às vezes ela ficava ausente, fora de cena. Ela fazia longas pausas que desconcentravam todo o elenco, repetia as mesmas frases e às vezes falava de forma incoerente. O ritmo de sua atuação, a sequência de sinais emocionais e o padrão de gestos eram tão excelentes que o público mal percebeu que algo estava errado.

No final da apresentação, fui ao palco para conhecê-la, e em poucos minutos ela revelou o motivo de seu comportamento estranho. Eleonora dependia demais de um teleprompter ["ponto"] para suas falas, mas, como seus amigos me disseram, não era esse o problema. Na realidade, ela não conseguia se concentrar e tinha uma memória ruim. Ela sempre dependia de um "ponto", e não apenas durante a estreia. Duse alegou que sua dependência do "ponto" aumentava quanto mais ela repetia o desempenho de um papel. Não é que ela não se lembrasse, mas ela não queria se lembrar, com medo de que o papel de Élida invadisse sua vida privada a ponto de não restar nada dela; a personagem agia em sua mente como uma droga, muito depois de a cortina cair. Em busca de uma estratégia para salvar sua própria integridade da invasão de uma neurose histriônica, ela tentava não se lembrar das falas depois de terem sido ditas e, toda vez que interpretava um papel, ela esvaziava, preservava sua mente do diálogo, contratava "pontos" caros que, como cérebros mecânicos, se lembrariam dela.

O equilíbrio de sua psique estava ameaçado por essa doença mental específica. O motivo de suas longas pausas era que, quando não estava ouvindo o "ponto", ela não queria substituir as palavras de Ibsen pelas suas próprias. Ela culpava o autor por ser o criador do papel, por sua irrealidade, por sua perda de espontaneidade e pela presença de sentimentos. Como não podia criar a sua Élida com as próprias palavras, ao menos queria permanecer fiel a Ibsen. A fidelidade à precisão das palavras escritas tornou-se uma obsessão. O medo de não ouvir o "ponto" a deixava quase surda. Ela ficava ali, no palco, sozinha, tomada pela ansiedade, olhando para a escuridão da plateia, tentando substituir as palavras que faltavam com sua voz musical agitada e com os movimentos fugidios de seu corpo (p. 63).

◆

A "síndrome histriônica"

Ela se desenvolve a partir da representação de papéis estranhos ou repugnantes ao ego. Sua atuação é em geral compulsória. A compulsão vem de dentro ou de fora. Aparece em versões normais e patológicas em praticamente todas as vocações e profissões. Uma ilustração por excelência é a do ator profissional. Ele tem de repetir, encenar e reencenar papéis que foram criados por outra pessoa, um dramaturgo. Quanto mais esses papéis forem estranhos às suas experiências, sentimentos e papéis privados, mais agem sobre ele como corpos estranhos. A aculturação desses papéis não ocorre sem lesões traumáticas no ego: distorção, mutilação, fragmentação e frustração. Quanto maior o número de papéis que o ator profissional acumula, lado a lado, em sua mente, mais traumático pode ser o efeito sobre sua vida privada. A neurose histriônica pode muito bem ser chamada de doença ocupacional do ator profissional (p. 115).

◆

1925, o novo mundo

[...] Recebi uma carta da minha mãe. "Como está aí na América? As pessoas se dão bem aí? Já fez alguns amigos?" "Mamãe", respondi, "você sabe o que se diz na nossa terra quando se está em apuros: 'Uma mão lava a outra'". Aqui na América é diferente. "Quando um sujeito encontra outro, uma mão suja a outra" (*Eine Hand macht die Andere schmutzig*) [sic].

Isso foi logo após uma demonstração de psicodrama diante de um grande encontro. O salão estava vazio, com exceção de quatro homens que estavam sentados à mesa, discutindo sobre como colocar minhas ideias em prática e transformá-las em dinheiro rápido. Pareciam ter chegado a uma importante conclusão. Um deles, falando pelo grupo, se levantou e disse em voz alta, olhando para mim de soslaio: "Não podemos deixá-lo solto por aí. Precisamos fazer um seguro do seu corpo. Cem mil dólares" (p. 140-142).

◆

Sobre o Pai

Tenho em minhas mãos "O testamento do Pai" — "As palavras do Pai". Ouça o seguinte:

EU SOU O PAI,
EU SOU O PAI
DE SEU FILHO,
EU SOU O PAI
DE SUA MÃE E DE SEU PAI,
EU SOU O PAI
DO SEU AVÔ
E DO SEU BISAVÔ,
EU SOU O PAI
DO SEU IRMÃO E DA SUA IRMÃ,
EU SOU O PAI DO SEU NETO
E DO SEU BISNETO.

EU SOU O PAI
DO CÉU ACIMA DE SUA CABEÇA
E DA TERRA SOB SEUS PÉS...

O que vai acontecer com este livro?

Quem estará interessado em um Deus que tenha um "Eu" — em um mundo como este, no qual, mais do que em qualquer outra época, cada bebê deseja ter e criar o próprio "Eu"? Deus se sentia muito mais confortável quando era um "Ele". O que o fez mudar de ideia? Essa é uma contradição apenas na aparência, não na realidade. Um Deus e Criador do universo que tem um "Eu" — e que se apresenta com um "Eu", como neste livro — deseja que cada parte dele seja e tenha um "Eu" em cada ser. Mas um Deus e Criador que é um "Ele", como o Deus do Velho e do Novo Testamento, é desproporcional ao universo. Ele não consegue suportar milhões de "Eus" dirigindo o destino do universo fora de si mesmo.

Leia *As palavras do Pai*. É provavelmente o epítome de minha vida e provavelmente cheio de pistas sobre o destino final de meu trabalho.

Como você sabe, na Europa eu continuei a ser solteiro. O Pai de todo mundo não precisa se casar. Talvez eu não quisesse me casar porque não queria enfrentar um filho. O filho, o símbolo da imortalidade da espécie, é o primeiro sinal de sua mortalidade individual.

Guardemos na mente a herança com a qual eu vim para este mundo americano. Comecei cedo a ser uma figura paterna antes de ser pai. Comecei quando tinha 4 anos de idade. Era a coisa correta a fazer no antigo mundo europeu. Eu assumi e me treinei para a função mais poderosa dessa cultura o mais cedo possível. Lá, a ideia do pai estava ligada à competência, ao poder, à sabedoria e ao respeito. Mas o que acontecerá comigo nos Estados Unidos, em um mundo centrado no atendimento ao polo oposto, o filho? Provavelmente, não há nada mais cômico do que um idoso ou uma idosa tentando interpretar o papel de jovem.

Sou um profeta com senso de humor. Não consigo imaginar um profeta que nunca encontra um motivo para rir, em silêncio ou em voz alta, das coisas ou das pessoas que estão no mundo ao seu redor. Um verdadeiro profeta pode rir talvez porque tem permissão para se colocar fora do mundo e proclamar: "É assim que o mundo *deveria ser*". Mas como um cientista pode rir do mundo todo? Ele precisa viver nele e levá-lo a sério. Precisa acreditar que isto é isto e aquilo é aquilo, que a lei do acaso e o método científico são infalíveis. Será difícil para mim me tornar cientista. Acho que terei de construir dois compartimentos bem fechados e separados um do outro, um para o profeta e outro para o cientista.

Eu tive um sonho. Primeiro, vi uma grande multidão reunida em torno de um andaime de madeira, ou talvez fosse uma estátua. O lugar parecia o Columbus Circle, o bairro de Nova York próximo ao Central Park. De repente, me vi sendo levado por dois policiais. Primeiramente, eles se pareciam com Lew Yablonsky e Robert Boguslaw, e eu pensei que fosse uma sessão de psicodrama na qual eu era o protagonista, e que tudo era uma dramatização. Mas aí, o sonho tornou-se deveras assustador e tudo ficou muito sério. Os policiais pareciam gladiadores romanos. Eu estava diante do andaime em chamas. Eu me dei conta de que seria crucificado. Lá estava eu na cruz. Todo mundo esperava que eu sangrasse, mas não sangrei. Todo mudo esperava que eu morresse, mas não morri. O final foi com todos rindo. A moral do sonho é que eu vou sobreviver à crucificação (p. 143-145).[6]

◆

Dr. Bruno Solby, diretor de psicodrama

No verão de 1941, houve um *workshop* em Beacon. O teatro do psicodrama estava cheio de alunos. De repente, o dr. Solby se levantou e anunciou que gostaria de resolver um de seus problemas. Ele subiu no palco. Havia um sorriso em seu rosto e ele permanecia em pé, no meio do terceiro nível.

---
6. Caixa-alta e itálico no original.

— É 1970 — disse. — Este é o meu consultório.
E começou o aquecimento como se faz no psicodrama.

— Aqui está uma escrivaninha e a cadeira onde eu me sento. As pessoas aqui — apontando para a plateia à sua frente — são pacientes, no pequeno palco do psicodrama que se tornou parte de meu escritório. Aqui na parede há um quadro de tamanho natural. É um retrato de J. L. Moreno, meu professor. Ele já morreu há alguns anos. Olhem para o retrato. É exatamente como ele era há muitos anos. É uma semelhança maravilhosa.

Depois de uma longa pausa cheia de tensão, continuou:

— Aqui na frente estão minhas prateleiras de livros, e aqui vocês podem ver todos os livros que Moreno escreveu: *Quem sobreviverá?*, *Psicoterapia de grupo e psicodrama*, *As Palavras do Pai* e 25 outros volumes que o tornaram imortal.

Ele virou a cabeça para a parede.

— Olhar para sua imagem todos os dias me dá ânimo, inspiração para continuar.

Eu estava sentado na primeira fila, olhando para Solby enquanto a cena era dramatizada. Então ele desceu do palco e apertou minha mão. Havia lágrimas em seus olhos. Mas o destino não foi bom para Solby. Não foi assim que aconteceu. Para nossa tristeza, cerca de dois anos após a realização dessa "projeção de futuro", ele morreu de trombose coronária, contraída durante a Segunda Guerra Mundial. Parece que meu destino é viver mais do que meus alunos. Ainda estou aqui sobrevivendo a ele.

O dr. Bruno Solby foi um dos diretores mais talentosos da última década. Contratado pelo Serviço de Saúde Pública dos Estados Unidos, suas sessões despertaram grande atenção do público, sendo assistidas com frequência por deputados, senadores e outras autoridades, entre elas Eleanor Roosevelt (p. 184-185).

◆

Dos 14 aos 24 anos, "a época clássica"

[...] Minha posição é a de que atuar é a única maneira de o fazer — não através de livros, nem através de jornais, nem através de discursos, mas através do viver. Viver é o único teste da veracidade de uma experiência, e é também agora característico para mim, embora eu nunca tenha conseguido estar em completa identidade com meu ideal. No entanto, você vai me encontrar em esforço contínuo para alcançá-lo.

A partir daí, comecei a trabalhar nessa direção, e você pode dizer que, dos 14 anos aos dez anos seguintes da minha vida, alcancei provavelmente a expressão mais exemplar do que eu queria fazer, muito mais do que em qualquer momento posterior. Dos 14 aos 24 anos. Essa foi realmente a época clássica da minha vida. Uma vida em que comecei a atuar e retratar para o mundo soluções para seus conflitos, o que nossa sociedade atual e a ordem cultural não ofereciam. Comecei a expressar minha postura em relação ao dinheiro, à propriedade, a um nome, ao anonimato. Minhas relações com a morte e o nascimento, com a criatividade em geral, minha posição diante dos problemas da cura e da doença.

Eu me movi de uma categoria a outra e tentei criar um modelo que, em parte, foi expresso no meu comportamento e, em parte, em certos experimentos que realizei. É por isso que comecei meus experimentos com crianças, com prostitutas, experimentos um pouco ampliados para dar a eles uma qualidade dramática. [...]

Eu sabia que determinados mandamentos começavam a determinar meu comportamento. O primeiro era agir com o corpo, com a mente, agir no momento, agir na reunião, na frente das pessoas. Não deixar ninguém de fora. Não deixar de lado nada que seja um desafio para você, nada que apareça em seu caminho. Pare. Pare. Viva. Vivencie o momento. E aí é que você percebe o desejo de ser espontâneo. Nenhum momento pode ditar a forma do presente. O Aqui e Agora se tornou um mandamento, e não apenas o aqui e agora como forma, mas como conteúdo. Como um desafio para eu viver de acordo com as pistas universais. Portanto, pode-se dizer que criei uma atmosfera do imediato e de responsividade às coisas e pessoas que me encontravam, e é claro que, por isso, o conceito de espontaneidade, o conceito de aqui e agora se tornaram fundamentais para mim — não ser espontâneo no momento me parecia um pecado, uma falha, um mal. Como algo que ia contra a produtividade contínua do universo com o qual eu havia me identificado. Portanto, ser no momento, no presente, na vida, no outro tornaram-se a coisa que eu demandava de mim para possuir. Comecei a entrar em várias dimensões da vida que me pareciam pertinentes.

As crianças vieram em primeiro lugar, seus familiares em seguida e, em terceiro lugar, a comunidade dos policiais, dos agentes da lei, mas, no geral, você verá minha família, meus parentes, colocados de lado. Meu pai e minha mãe, meu irmão e minha irmã saíram totalmente do centro de minha vida. Eles se tornaram secundários, passaram a fazer parte do universo e deixaram de ser tudo o que existia. Quanto mais eles tentavam me trazer de volta para o grupo familiar, quanto mais tentavam me controlar, me influenciar, me mudar, mais eu me afastava, mantendo minha decisão e minha identidade. Portanto, houve um conflito entre meu clã e eu. Embora eles não tenham conseguido me influenciar, minha pobre mãe achava que eu era um excêntrico.

Meus irmãos e irmãs não conseguiam entender, me viam com base em dois pontos. Em primeiro lugar, eu estava destinado a me tornar médico e era o mais velho da família, e considerado o mais brilhante; então havia uma grande ambivalência entre me escolher e me admirar, por um lado, e me defender contra outras pessoas por outro, mas ainda tentando me proteger contra o que poderia se tornar um abismo — uma divisão demoníaca em minha vida.

É óbvio que as pessoas diziam que eu estava louco. Minha mãe, em sua ingenuidade, estava com medo, é claro, de que isso pudesse ser verdade. Então, houve três fases — em primeiro lugar, a fase do profeta juvenil, que entra ingenuamente nas dimensões da vida. Primeiramente, as crianças, em seguida as pessoas, depois as escolas, depois a prostituição e, é claro, as pessoas que possuem propriedades e que ficam gordas, sentindo-se muito importantes por tudo isso. E, obviamente, o sexo e o amor com toda a sua beleza, que estão ligados a isso.

Então, o segundo grande período chegou, quando após a Primeira Guerra Mundial eu me diplomei médico. Tornei-me um médico maravilha. Esse foi o segundo período. Foi em Vöslau, perto de Viena, quando fui o médico maravilha, começando a pôr em ação um tipo de médico que estava no nível da universalidade que eu pregava. Iniciei a prática clínica recusando-me a receber dinheiro pelos tratamentos. Recusei-me a colocar uma placa na parte externa da casa indicando que ali havia um médico. Recusei-me a escrever o receituário — ninguém sabia meu nome. Eu não queria ser apenas um médico que não lida com dinheiro quando dá amor e tratamento. Eu queria ser alguém que fosse anônimo tal qual é o universo.

Foi uma situação paradoxal. Eu era, ao mesmo tempo, contratado como agente público de saúde de Vöslau, uma posição muito proeminente, muito peculiar, pois, antes de mim, apenas aristocratas e gentios podiam ocupar o cargo. Eu era o primeiro judeu. Não sei se perceberam isso completamente quando fui nomeado. Eu tinha origem judaica, não era um aristocrata, como foram todos antes de mim. Na Áustria, tratava-se de um trabalho que somente um homem de família aristocrática poderia exercer. Eu tinha uma casa vitalícia dada pela comunidade. Era esse o tipo de trabalho e, portanto, eu vivia em uma casa, era o melhor médico da cidade e tudo o que eu fazia todo mundo sabia que era naquela casa — a casa do médico. Era como um símbolo por séculos — essa casa onde vive o médico. Havia 12 ou 15 médicos em Vöslau, mas eu era O doutor, porque exercia a profissão na casa onde mora o médico.

Então, foi lá que iniciei a prática dessas coisas divinas, digamos, altamente morais. Estabeleci o princípio de não considerar o dinheiro equivalente a dar amor ou tratamento aos pacientes. Assim, não aceitava dinheiro nenhum. Em segundo lugar, eu não considerava um nome apropriado — um nome sendo um símbolo de propriedade, sendo realmente uma mercadoria. Quanto mais famoso você se torna, mais valioso é o seu nome. Eles me chamavam de doutor e, é claro, mais tarde algumas pessoas perceberam que meu nome é Moreno, e algumas delas sabiam, mas houve muitas discussões.

A sra. Frank, minha governanta, que tinha uns 84 anos de idade, costumava andar para cima e para baixo conversando com as pessoas. Ela dizia: "Alguns dizem que seu nome é Moreno, outros dizem que é Levy, outros dizem que o senhor realmente não tem nome, é somente o doutor maravilha. O doutor milagre". Por isso, gerei muita confusão na cabeça das pessoas. Daí certamente nasceram alguns conflitos. Eu estava numa posição de poder. Por isso, muitos dos meus inimigos entre os médicos começaram a espalhar a história de que eu não tinha licença para clinicar. Isso logo virou um escândalo, até que consegui provar que estava devidamente habilitado. Oficialmente foi provado por terceiros que eu tinha meu diploma da Universidade de Viena. Já não houve nenhuma questão a respeito da minha identidade e das minhas qualificações (p. 196-199).

♦

O caso do soldado que ouvia a voz de Deus

Um caso no Hospital Estadual de Nova Jersey, em Trenton. Quase não consigo chegar para a sessão porque, na estrada entre Beacon e Trenton, tivemos um pneu furado e, além disso, o motor apresentou alguns problemas, e assim fomos obrigados a deixar o carro em uma oficina. Muitos dignitários estariam presentes — o secretário das agências do estado de Nova Jersey e muitas outras pessoas importantes haviam planejado ver minha demonstração, portanto eu obrigatoriamente precisava chegar.

Liguei imediatamente para o hospital e disse que contrataria um avião fretado, e que eu estaria lá. Agora, isso é interessante porque, até aquele momento, eu tinha uma grande resistência a voar. Parece que tive uma espécie de pequeno acidente com Bernarr Macfadden muitos anos antes. Eu costumava voar muito, e agora estávamos em um desses aviões fretados bem primitivos. Sabe, era perigoso. Zerka e eu estávamos voando com um piloto muito ineficaz em direção a Trenton.

Chegamos e entrei em um espaçoso salão, onde um grande número de pessoas estava esperando, uma plateia muito animada por causa do dr. McCorkle, que de certa forma tinha uma relação com a NYU [Universidade de Nova York] e procurava implementar ali a psicoterapia de grupo. McCorkle me apresentou, e um dos pacientes se ofereceu como voluntário — o aquecimento foi bastante difícil. A única coisa que se sabia é que ele era professor na Universidade de Princeton, um acadêmico bastante distinto, cujo comportamento se tornou alarmante. De início, sua esposa o colocou em um sanatório particular, e depois ele foi para o Hospital Estadual de Nova Jersey.

Quando a sessão começou, tentamos dramatizar a cena que o levara a ser hospitalizado. Nós, sua esposa e ele. Foi peculiarmente frustrante. Ele não conseguia avançar. Zerka iniciou um duplo dele e, de repente, o vimos no automóvel que o levara ao hospital. No psicodrama, o aquecimento do paciente é voltado para uma situação que tenha algum significado no momento, mas nesse automóvel todas as inversões e duplicações de papéis não pareciam levar a lugar algum.

De repente, em dado momento, aparece uma pista de que há uma voz que sempre lhe diz o que fazer. Então lhe perguntei:

— Que voz é essa?

— É a voz de Deus. Eu sei que ele fala comigo.

Perguntei:

— Quando foi que você ouviu a voz dele pela primeira vez?

Ele respondeu:

— Quando eu estava na Itália. Foi em Piave.

Nesse momento, ele entrou imediatamente na cena:

— Sabíamos que os alemães estavam chegando — disse ele. — Sabíamos que só podíamos fazer duas coisas. Lutar até a morte ou recuar. A única alternativa que tínhamos era morrer. Estávamos em um número muito menor e cercados. Havia um conflito entre os nossos homens e eu estava ali. Havia dois grupos, um confrontando o outro, rapazes de todas as partes dos Estados Unidos. Conversamos e eu tentei descobrir a que distância o inimigo estava. De repente, enquanto todos tentavam encontrar uma solução, eu me joguei no chão, rasgando meu uniforme.

Nesse ponto, Harold estava quase nu no chão do palco. Eu disse:

— Controle-se.

— Eu me joguei com o corpo no chão, simplesmente no chão. Era uma noite úmida e, com os dedos, cavouquei o chão.

Ele respirou fundo e cada vez mais profundamente, como se tivesse se livrado de todos os pensamentos e medos; tudo havia desaparecido...

— Eu estava sozinho no mundo e comecei a bater na cabeça com os punhos, bater no corpo, socá-lo, e depois jogar meu corpo contra o chão. Então, de repente, ouvi Deus e conversei com ele.

Imediatamente reproduzimos uma voz e imediatamente o transformamos em quem era a voz. Vimos então uma transfiguração completa no palco. Ele se tornou a pessoa que recebeu uma mensagem sobre o que fazer. Ele sabia que queria desprezar a guerra, tornar-se um prisioneiro, ir a qualquer lugar, mas não lutar e, no final, ver os alemães chegando, ele lhes entregando armas. Harold começa a chorar:

— Eles vêm aqui esta noite. Eu me rendi, e isso ainda está comigo e nunca me abandonou.

E lá estava ele no chão, socando o corpo, a cabeça, gritando em voz alta "Morre, morre!" ou "Liberdade, americano!" Ele parecia estar descontrolado e toda a plateia ficou chateada, porque pensaram: "Meu Deus, o que vai acontecer agora?" Eu me abaixei, peguei sua mão, coloquei-a junto ao meu peito e comecei a acariciá-la. Então eu disse:

— Agora eu entendo você. Agora eu sei. Saia, ele aprende a controlar a voz. Ela entra nele, sai dele, entra, sai, entra com a ajuda de um amigo como eu e os atendentes amigáveis, e se sai bem com a ajuda deles.
— Ele ficará bem.
Ainda no hospital, uma semana mais tarde, depois de todas essas reverberações e para grande surpresa dos médicos, durante sua reunião semanal, Harold pediu para ser ouvido. [...] (p. 225-228)

◆

O caso de Hilda

Outra sessão animada foi no Hospital Downey, que ficava perto de Chicago, Illinois. [...] fomos convidados para uma sessão à qual todos os pacientes que se sentissem bem e aptos para ir para casa compareceriam. Na minha cabeça, havia a ideia de dar o que normalmente chamamos de "teste de saída", e então, quando a sessão começou, bem na frente na primeira fileira estava uma dúzia de pacientes, metade mulheres, metade homens.

Eu expliquei a esse grupo que o objetivo do teste era que os pacientes descobrissem por si mesmos se estavam prontos para voltar para casa ou não, em vez de serem informados se estariam aptos para deixar ou não o hospital. Descobrir por si mesmos é mais convincente do que alguém lhes dizer o que fazer e eles agradecerem depois. Eu lhes expliquei que, no tipo de procedimento que proponho, todos são colocados em determinadas situações que devem ocorrer assim que deixam o hospital. A casa para a qual retornam, o trabalho, os amigos que eles têm. Talvez não seja possível explicar ou descrever tudo o que vão encontrar, ou estão prestes a encontrar na realidade; a mãe de verdade, o pai de verdade, o namorado de verdade, o empregador de verdade, mas teremos atores presentes capazes de desempenhar uma boa representação de cada pessoa. E, depois, vocês sabem melhor como é sua casa e quem é seu pai e sua mãe, sua esposa e filho; portanto, vocês podem nos ajudar e podem auxiliar esses atores a representar determinado evento particular.

Bem, fizemos o aquecimento dos protagonistas que vieram ao palco e entre eles havia uma jovem mulher. Em uma breve entrevista, ela revelou que havia sido secretária, datilógrafa em um escritório, contadora; que estava no hospital havia três ou quatro meses e achava que agora tinha chegado a hora de voltar para casa, e que estava apta a retornar ao seu trabalho. E, assim, a vemos indo para casa. Ela está na sala de estar.

O pai saiu para trabalhar, não há ninguém em casa, ela está sozinha. Ela vai até o telefone e liga para o pai. Vemos alguém fazendo o papel do pai e ela fazendo o próprio papel. Seu pai diz:

— Sinto muito, Margarete, estou muito ocupado no trabalho. Em uma hora estarei em casa. Prepare o jantar para mim.

Poucos minutos depois, o telefone toca e é um antigo namorado. Esse papel é assumido por alguém que conhece o caso. E o namorado pede desculpas por não ter podido ir buscá-la de carro no hospital, mas informa que passará na casa dela para jantar.

Assim, ela tinha que preparar um jantar para três. Ela põe o telefone no gancho e começa a vagar pela casa, com uma expressão bastante pensativa. Olha para pequenas coisas em cima da mesa, livros na estante. Nesse momento, senti que seria oportuno um duplo. Chamei Zerka, minha esposa, para retratar a protagonista, explicando para a plateia e para a paciente o que é o duplo — a pessoa que duplica o eu da protagonista. Quanto mais se tornem uma só pessoa, melhor será o trabalho. O duplo age de forma mais discreta, esperando cautelosamente por pistas vindas da protagonista. A técnica do duplo é particularmente útil quando a(o) protagonista está sozinha(o) no palco, em uma cena. Promove uma melhor identificação verbal e gestual. Ficar sozinho e apenas falar produz um efeito de certa forma artificial. Nós vemos as duas se movimentando pela sala de estar, indo ao banheiro, saindo do banheiro. [...] Então ela sai da sala e vai para o quarto, olha para a parede e diz:

— Essa é uma foto da minha mãe. Sim, ela morreu três meses antes de eu ficar doente. Sim, é assim que ela era. Ela morreu de câncer. Eu cuidei dela. Ela era a única pessoa próxima a mim. Eu não tinha mais ninguém. Quando ela foi embora, esta casa ficou vazia. Eu não tinha ninguém a quem recorrer. E quem eu tenho agora? Estou sozinha em casa de novo, como estava quando fiquei doente. Lembro-me de como ela conversou comigo naquela noite. Foi pouco antes de ela morrer.

Pegamos a pista, levamos a jovem para a cena, e pedimos à protagonista que assumisse o papel da mãe. Foi durante a transição que se descobriu que a paciente era a única filha presente junto à mãe, pois os outros filhos haviam saído de casa. Ela era a única e não queria se casar porque não queria deixar a mãe. Dava essa desculpa para adiar qualquer relacionamento mais próximo com um homem. Agora ela toma o papel da mãe e o duplo toma o papel dela. E aí, numa mudança quase completa de situação, enquanto ela se movia ia ficando tensa, e começava a falar como sua mãe para sua filha:

— Eu vou morrer, Rose, continue vivendo e tente encontrar alguém que a ame. Você terá de viver sem mim algum dia, e parece que meus dias chegaram ao fim. Você sabe, eu entendo.

De repente, a mãe começou a chorar, chorar, e chorou sem parar, quase uma explosão histérica. Toda a plateia ficou comovida e envolvida, e o duplo que a interpretava chorou. Ela estava totalmente fora de controle. Nesse momento, fui em direção à protagonista, peguei sua mão e disse:

— Agora vire-se e seja você mesma, e esta senhora aqui será sua mãe.

Zerka assumiu o papel da mãe, e agora ela era ela mesma. Ela continuou a chorar e as duas choraram, até que eu interferi e disse:

— Agora pare e diga a ela que pare.

Ela olhou para mim e disse:

— Bem, acho que não estou pronta para ir para casa. Logo depois disso, na mesma noite, depois que minha mãe falou comigo, eu disse que, se ela morresse, eu acabaria com minha vida. Eu descobri como. Eu queria me afogar e tenho certeza de que se eu for para casa agora, como planejei fazer, isso aconteceria. [...] Por favor, doutor, deixe-me ficar mais um pouco, e ouvirei os médicos daqui até que eu esteja em melhores condições.

Bem, essa foi uma forma de autoconhecimento, de descobrir por si mesma o que é melhor para você. (p. 230-233)

◆

O caso do ladrãozinho

Foi na primavera de 1952, em Los Angeles, Beverly Hills, quando várias centenas de pessoas se reuniram para ver uma demonstração de psicodrama. Eu não havia preparado nada, como sempre, esperando obter uma pista ou oportunidade vinda do público presente. Um homem se levantou e disse que era um psicólogo ligado ao tribunal juvenil de Beverly Hills, e que havia trazido com ele um de seus clientes, um dos garotos que, no momento, estavam sob a custódia do tribunal. Tendo estado na prisão, estava esperando para se apresentar perante o juiz.

Perguntei qual era a idade do garoto. Ele disse que o rapaz tinha 17 anos e apontou para o que estava de pé. Comecei a falar com o público. "Estou conhecendo este rapaz pela primeira vez. Este senhor aqui, dr. Fulano de tal, eu nunca vi antes."

— Como o senhor chegou aqui? — perguntei a ele.

Bem, ele tinha ouvido falar de um anúncio no jornal e achou que, como estava trabalhando com o Jim por muitos e muitos meses sem

sucesso, talvez fosse uma oportunidade de ver o que poderia ser feito por ele. Então, ele disse:
— Eu também trouxe seus pais. Aqui estão sua mãe e seu pai.

Eu me dirigi aos pais e disse:
— Vocês me dão o privilégio de trabalhar com seu filho? É esse o seu desejo?
— Sim, viemos aqui, queremos estar presentes quando a sessão for realizada e desejamos mostrar nossa aprovação do que for feito em nome dele.

Então me dirigi ao garoto:
— Você quer passar por um procedimento esta noite?

Ele respondeu:
— Sim, eu vim aqui esta noite e quero fazer isso. É de minha livre vontade.

Então eu:
— É claro que você se dá conta de que esta é uma sessão aberta. Nunca se sabe. Posso ser facilmente acusado de tratar um paciente, um menor de idade, sem o consentimento dos pais, e posso ser punido de forma muito severa por minha boa índole. Portanto, é parte do trabalho de um psicodramatista estar consciente de todas as circunstâncias diante de determinada situação. Ele precisa, como parte de sua habilidade, não apenas conhecer o problema, mas apresentá-lo ao público de maneira que este entenda todas as circunstâncias que ele está tratando. Isto posto, aqui estamos em pleno Beverly Hills, praticamente no meio da comunidade, com centenas de pessoas presentes. Algumas delas talvez conheçam este rapaz, a maioria talvez não, mas aqui estão presentes muitas pessoas, a família, o psicólogo e o próprio paciente. Então, quando trabalhamos com uma pessoa, estamos interessados em descobrir qual é o seu problema. Queremos que o próprio paciente o descreva.

O rapaz foi para o centro da sala e começou a desfiar uma cena após a outra, dando-nos uma visão de uma série surpreendente de roubos que ele havia arquitetado. Começamos com o primeiro roubo e seu primeiro planejamento. Ele começou roubando pneus. Nós o vemos, uma noite, atrás de um caminhão, observando que todos tinham ido embora. Muitos automóveis estavam lá e o vimos colocando em seu carro um, dois, três, quatro pneus de automóveis. Eu usei alguém para ser seu duplo. Foi uma sessão muito dramática. É interessante que muitas vezes a sessão se torna mais dramática à medida que você se afasta dela. Talvez essa seja a razão pela qual algumas das experiências que tivemos em nossa infância são esquecidas pelo que a distância provoca em determinado acontecimento. Só pensamos na satisfação. Não pensamos na distância dinâmica do tempo. [...]

Agora, voltemos ao Jim. Nós o vemos olhando em volta para ver se há alguém ou algum policial por perto. Na primeira vez, eu o parei e lhe dei um duplo, e este começou a articular o que experimentou naquele momento. Ele disse:

— Eu me sinto bem. É maravilhoso. Sou muito mais inteligente do que os proprietários desses carros. Ninguém descobre porque ninguém é tão inteligente quanto eu.

Durante anos, ele praticou os roubos sozinho. A única maneira segura era não ter nenhum cúmplice, nenhuma testemunha, ninguém.

— Não posso confiar em ninguém, exceto em mim mesmo.

Mais tarde, Jim descobriu que, desde que fizesse sozinho, nunca seria pego. A primeira vez que teve um cúmplice foi parar na cadeia. Ele foi mandado para um reformatório, voltou e passou de pneus para automóveis, de automóveis para joias e de joias de volta para os pneus.

— Não há nada igual — disse ele. — Farei isso de novo, de novo e de novo. É uma coisa maravilhosa. Ninguém nunca vai descobrir. Quando descobrirem, é porque eu poderia ter feito de outra forma. Agora que sei como fazer, da próxima vez eles não me encontrarão.

De lá, passamos para as suas amigas, para os seus amigos e, finalmente, para a casa dele. O que há de mais marcante na sessão não é o ladrão, o pequeno ladrão. Temos milhares e milhares de casos semelhantes em nossas comunidades. Isso se tornou uma realidade por meio dos nossos livros sobre crimes e apresentações no rádio. O marcante nesse caso, e que é obviamente verdadeiro em muitas sessões psicodramáticas desse tipo, foi o fato de um jovem de 17 anos se apresentar diante de um grupo de pessoas, com idades variadas, que talvez o conhecessem, pessoas de sua comunidade, que estavam dispostas a passar pelo processo de psicodramatizar sua vida; há nisso um profundo significado terapêutico.

Se ele fosse um ator profissional atuando para ganhar dinheiro ou se fosse um ator profissional fazendo isso para melhorar sua reputação histriônica... Mas não, é um homem que esteve na prisão uma dúzia de vezes, que foi degradado de muitas maneiras e demonstrou uma crueldade fria diante dos policiais, da mãe, do pai — aliás, [...] diante do padrasto, pois ele havia perdido o pai verdadeiro.

Vimos continuamente, durante a sessão, a interação entre mãe e filho, pai e filho etc. Quero enfatizar por que escolhi essa sessão. As repercussões dessas sessões abertas de psicodrama não se dão apenas no jovem que tem problemas; são compartilhadas por centenas de pessoas na comunidade, levando à reflexão sobre os pais, não apenas os do protagonista, mas todos. O mais surpreendente foi que, imediatamente após a sessão, dezenas de pessoas se levantaram para contar sobre algum pequeno crime que haviam cometido. Alguém roubou um reloginho. Outro encontrou um dólar que sabia pertencer a outra pessoa. Outro entrou em uma cafeteria e saiu sem pagar a conta porque achou que poderia se safar. [...] Outro não tinha passagem de trem e se arriscou; se fosse descoberto, pagaria, mas se isso não acontecesse, nada diria.

A resposta do público também teve um efeito considerável no jovem. No início, ele parecia frio e forte, quase como um inimigo; mas, à medida que as coisas foram acontecendo, ele começou a se aquecer e, finalmente, chorou, irrompeu em lágrimas. Sua mãe ficou emocionada. A história é secundária, mas as implicações são muito importantes do ponto de vista do psicodrama comunitário e da participação do público — e, é claro, estou falando pelo ângulo da televisão. Estou abordando o ângulo da televisão, que é outra história. A forma como conduzo a sessão está intimamente relacionada às minhas primeiras demonstrações nos jardins de Viena. Também introduzi o jogo de papéis e padronizei formas por causa do meu interesse em contribuições técnicas, mas o que mais toca meu coração é a coisa real, quando as pessoas reais estão presentes e quando estamos trabalhando com terapia ao ar livre para pessoas que estão com problemas. (p. 234-239)

◆

A noite em que tentei colocar Freud no divã alucinatório

Encontrei o dr. Freud em uma única ocasião. Foi em 1912, quando, como funcionário da Clínica Psiquiátrica da Universidade de Viena, assisti a uma de suas palestras. O dr. Freud acabara sua análise de um sonho telepático.

Quando os alunos saíram, ele me perguntou o que eu andava fazendo.

— Bem, dr. Freud, eu começo de onde o senhor parou. O senhor encontra as pessoas no ambiente artificial do seu escritório; eu as encontro na rua e em suas casas, em seu ambiente natural. O senhor analisa os sonhos delas. Eu tento lhes dar coragem para sonhar de novo. Eu ensino as pessoas a brincar de Deus.

O dr. Freud olhou para mim como se estivesse intrigado. Com um gesto, ele me convidou a acompanhá-lo. Finalmente, eu estava cara a cara com um de meus autores. Sua barba era pequena e branca; seus movimentos eram graciosos, mas rápidos. Parecia ainda estar preocupado com o misterioso problema da telepatia mental. Em alguns minutos, estávamos em seu escritório na rua Berggasse. O que mais chamava a atenção, nesse escritório, era o sofá, um divã de proporções normais, 1,8m x 0,9m; parecia um sofá normal para qualquer um relaxar.

— Há algo que eu possa fazer por você? — perguntou ele, em um tom agradável e paternal.

Vários pensamentos vieram à minha mente. Um sofá bonito e confortável se presta ao relaxamento. Somente os ricos podem se dar ao luxo de relaxar em um sofá por quanto tempo quiserem. Sempre tive a ideia de que os senhores, reis e aristocratas dormem muito, ao passo que o homem comum que trabalha duro não tem esse luxo. Ao colocar uma pessoa em um sofá, ela fica em uma posição agradável. O sofá é feito sob medida para sonhar acordado. Todas as coisas insensatas que você gostaria de fazer e que, mesmo trabalhando duro, não consegue realizar passam por sua mente de forma lúdica e fácil. Por exemplo, agora mesmo, aqui está agradável e aconchegante — por que não deveríamos ter duas jovens encantadoras descansando no divã? É engraçado, mas é a esse tipo de pensamento que o sofá convida.

— Dr. Freud, como surgiu a ideia de usar o divã para psicanálise, e o que o faz mantê-lo?

Freud disse:

— Essa é uma pergunta difícil de responder. O divã é e sempre será o instrumento central da psicanálise. Na verdade, mais até do que transferência e resistência, associação livre e interpretação de sonhos. De fato, foi a melhor forma de dramatizar a sua utilidade. Deploro profundamente a tendência de muitos dos meus alunos de descartarem levianamente o divã, e dizerem que ele não é necessário. Não consigo imaginar que uma psicanálise adequada possa ser realizada sem o uso de um divã. Eu não introduzi a ideia de divã — herdei do hipnotismo —, mas a fiz minha porque atende à necessidade de uma psicanálise correta. Na verdade, quem não usa divã não deveria ser chamado de psicanalista. Ele deveria ser chamado por um nome diferente, para não confundir a questão. O sofá simboliza muitas coisas. É, antes de tudo, um lugar de descanso. A mente deveria estar em repouso quando uma exploração tão profunda da psique como a psicanálise tenta estar em andamento. Preciso tirar o paciente do estresse e da luta com a existência, e levá-lo para um lugar de solidão, à parte das situações que provocam sua ansiedade e seus medos.

— Mas, professor, o paciente não leva consigo todos os seus delírios e medos de perseguição aonde quer que vá?

— Sim, leva, mas a psique precisa de um refúgio especial, e o divã é isso. Ele ainda está intimamente associado ao relaxamento e ao sono, aos sonhos diurnos e noturnos. É melhor sonhar acordado em repouso e na solidão do que se movendo no espaço ou entre pessoas que interagem entre si. Sim, *o divã é o símbolo da mente inconsciente*. Aproxima a mente dos estados inconscientes da psique. Descanso, sono, sonho e estados inconscientes estão intimamente ligados.

— Dr. Freud, mas o senhor não acha que, ao excluir as situações complicadas que um homem vive desde o nascimento até a morte, o verdadeiro teste é perdido o que ele *é* e *faz* escapa à sua análise?

Freud:

— Sim e não. Na própria vida e na interação com as pessoas, o homem "encobre" muita coisa; ele usa a linguagem e os costumes para esconder seus pensamentos e sentimentos secretos. Mas aqui no divã surgem coisas que muitas vezes são suprimidas por ele do lado de fora. Esse método, por exemplo, ajudou-me a descobrir a dinâmica das fantasias sexuais. Na própria vida e em situações-padrão, o paciente precisa contê-las. Ele tem de viver de acordo com as normas culturais, mas aqui ele tem permissão para se libertar. Sim, o divã não é apenas um local de descanso e sono, um local de sonho e de vida inconsciente; é também o local onde acontecem as atividades sexuais. *O divã simboliza o sexo*. Além disso, embora eu nunca o tenha dito nos meus escritos, *o divã simboliza o corpo nu* e todas as suas funções biológicas. Embora eu nunca permita que meus pacientes se dispam durante o tratamento, a nudez está na mente deles e na minha.

— O senhor já permitiu que um paciente, estando no divã em análise, se levantasse e caminhasse em sua direção quando tinha algo muito importante para lhe contar?

— Não, ele não pode. Ele precisa permanecer no sofá.

— O que o senhor faz se ele está com raiva do senhor e lhe faz gestos ameaçadores? Ou, se for uma mulher, se ela demonstra sentimentos amorosos pelo senhor e tenta sentar no seu colo?

— Eu não aceito nada disso. Se persistirem na hostilidade ou nas demonstrações amorosas, interrompo o tratamento.

— Em outras palavras, o senhor não permite que um paciente, de qualquer forma, atue durante o tratamento?

— Não, eu não. É contra as regras. Não sou eu, é o método que proíbe isso. É contraindicado.

— Se o senhor não permite que seus pacientes atuem seus problemas com o senhor, permite que eles ajam contra si mesmos — coçando-se ou batendo no corpo, batendo a cabeça na parede, brincando com seus órgãos sexuais?

— Não, isso é contraindicado.

— Dr. Freud, o senhor permite que um paciente o toque ou acaricie?

— Não.

— O senhor já se permitiu tocar ou acariciar um paciente? Imagine um paciente solitário e deprimido, chorando como um bebê, pedindo uma demonstração de amor. O senhor não coloca o braço em volta dos ombros dele ou acaricia seu cabelo, dizendo palavras calorosas, gentis?

— Não, eu não. De acordo com a nossa observação, isso leva, em longo prazo, a confusão.

— Bem, dr. Freud, agora entendo seus motivos para usar o divã. Eu fico me perguntando, portanto, por que o senhor mesmo nunca foi analisado. Na sua opinião, o não analisado é alguém de segunda classe; mesmo na melhor das hipóteses, ele será mais irracional, instável e descontrolado do que se fosse analisado; não saber as razões pelas quais ele se comporta de determinada maneira e, portanto, ser um mau marido, ou um mau pai, ou um empregador ruim, ou um mau soldado — o senhor não acha que às vezes o senhor mesmo pode ter sido um mau terapeuta porque não foi psicanalisado?

Após alguns segundos de hesitação, Freud disse:

— Concordo, mas tentei um substituto. Tentei me analisar. Na verdade, devo algumas de minhas descobertas mais gratificantes à minha autoanálise. Mas mesmo a melhor autoanálise não é tão boa quanto a psicanálise realizada por outra pessoa qualificada. O homem que se analisa ainda está envolvido consigo mesmo e, em muitos aspectos, é incapaz de se ver de forma objetiva. Ser visto através dos olhos de outra pessoa, cujo julgamento e habilidade de análise você respeita, é definitivamente superior. Mas não estou apto para a psicanálise — disse ele calmamente.

Retruquei:

— Isso é estranho. O senhor não acha que todo terapeuta, antes de praticar, deveria saber o que é ser um paciente? O senhor não deveria ter passado por uma análise no divã antes de submeter outros a ela?

— Sim, não posso discordar, mas há pessoas que não estão aptas à análise, por exemplo: psicóticos, crianças e gênios. Acho que pertenço a uma dessas classes de psicanaliticamente inaptos.

— O senhor foi ajudado de outra forma?

Freud respondeu, pensativo:

— Sim, três pessoas se destacam em minha vida: meu pai, o dr. Breuer e o dr. Fliess, dois colegas.

— Então, encontrar e resolver um problema com amigos também é um método de terapia?

— Sim, mas geralmente leva muito tempo e é muito incerto chamar isso de terapia. É curar e aprender da maneira mais difícil.

— Mas uma análise não demora tanto ou mais? Concordamos que encontrar pessoas significativas pode ser uma forma eficaz de psicoterapia. Se o encontro é tão eficaz, por que não o aplicamos com mais frequência? Por que não elevar a terapia do encontro ao nível da habilidade? Enquanto a análise do divã se baseia numa desigualdade de *status* — terapeuta *versus* paciente —, a "terapia do encontro" permite um "dar" e "receber" aberto. Ambos os participantes têm a mesma oportunidade de rebater, ao passo que, na situação analítica, supõe-se que o analista seja o mais sábio dos dois, seja ele mais sábio ou não. Ele está no "cavalo" profissional. Na situação de encontro, o mais sábio é aquele que por acaso é de fato o mais sábio.

E então — disse eu — na terapia do encontro entram dois outros agentes poderosos: a amizade e o amor. A situação analítica é fria e distante. A situação do encontro é calorosa e próxima; ele é partilhado por ambos os parceiros: é um método *universal* de terapia.

Ele abriu a porta e saímos para a rua. Já estava escuro e nos separamos em termos amigáveis. Acompanhei seus passos quando ele saiu, e cheguei à conclusão de que minha briga com Freud se devia, em essência, à minha decepção com ele como "ator" terapêutico. Ele era um grande cientista, mas um mau terapeuta. Não pensei que um grande curador teria a aparência e a atitude de Freud. O que faltava a Freud era ingenuidade. Para aquele que entendeu tão bem a criança, a criança nele estava morta. Um grande curador não usaria um dispositivo como o divã para tratamento. O divã carece de universalidade; é útil apenas para um pequeno grupo de pessoas. Eu visualizo o curador como um protagonista espontâneo-criativo no meio do grupo. Pessoas como Jesus, Buda, Sócrates e Gandhi eram médicos e curadores — para Freud, provavelmente eram "pacientes".[7] (p. 382-387)

◆

1969: o reencontro com Marian[8]

Após a comemoração de 1969 em Vöslau, saí à procura de Marian. Todos os meus antigos sentimentos foram despertados e fui dominado

---

7. Itálicos no original.
8. Este fragmento autobiográfico ocupava quase duas páginas datilografadas, que faziam parte do capítulo 7, dedicado a "Vöslau". Na versão que havia sido guardada pela Zerka, os capítulos originais eram numerados separadamente, e o trecho ocupava 28 linhas, entre as páginas 7-54 e 7-55.

pela curiosidade em saber o que teria acontecido com ela. Lembro-me de um sonho que tive com ela: estávamos viajando juntos. Chegamos à nossa adega, que estava abastecida com os melhores vinhos austríacos. Marian adorava cavalos. Ela comprou um e montou nele por horas a fio. Um dia, ela não voltou do seu passeio; simplesmente desapareceu. A polícia foi acionada. Finalmente, foi encontrada em um convento. Ela tinha acabado de fazer os votos para se tornar freira. Quando fui vê-la, ela começou a chorar e me disse: "Não quero voltar para meus pais ou para você. Gosto daqui e como dote lhes darei meu cavalo". Encontrei-me com seus pais, que também tinham ido ao convento para vê-la. Mas nada a faria mudar de ideia. E assim, da mesma forma que o romance comigo terminou, um novo começou. Marian se tornou diretora do convento e seu poder de cura ficou famoso em todo o distrito.

Quando fizemos perguntas sobre Marian, ninguém no vilarejo soube dizer para onde ela tinha ido, a ponto de eu me convencer de que ela estava morta. Finalmente, ela foi encontrada em um convento franciscano em Oberammergau, perto de Salzburgo. Fiquei feliz por saber onde ela estava e viajei para vê-la.

Tivemos um alegre encontro. Ela estava prestes a se tornar a madre superiora do convento. Marian me explicou que entendia o que havia acontecido com nosso amor. Ela sabia que eu tinha começado uma nova vida nos Estados Unidos. Quando parei de responder às suas cartas, ela conseguiu aceitar o fato e encontrou paz em sua religião.

Eu lhe disse que voltaria para vê-la na próxima vez que viesse à Áustria. E assim nos separamos.

Já na versão publicada em 2019, o texto foi curto e diferente:

Depois da celebração de 1969 em Vöslau, fui levado a tentar encontrar Marian, mas todas as minhas investigações mostraram-se infrutíferas. Sempre presumi que ela executara seu plano de se tornar freira, que entendera que eu começara uma vida inteiramente nova na

América, e que ela havia encontrado paz em sua religião. Como ela tinha 20 e poucos anos na época da nossa separação, ela pode, em 1969, 44 anos depois, ter falecido.

Como se lê, a versão otimista contada por Moreno, concretizando finalmente um reencontro entre ele e Marian em 1969, foi totalmente cortada do texto final. Em lugar de "tivemos um alegre encontro" — ocorrido ou imaginado pelo criador do conceito de "realidade suplementar" —, o que aparece é a hipótese da morte de Marian.

◆

Uma palavra nova

Esses desencontros versáteis me fizeram lembrar de uma palavra que aprendi durante esse meu tempo de pesquisa com materiais em língua inglesa. É um verbo de origem britânica, com difícil tradução para o português: *to bowdlerize*. Conhece?

Não custa gastar mais alguns parágrafos para compartilhar o que consegui saber a respeito. Primeiro, meu velho *Michaelis* (2000), na primeira coluna da página 80, laconicamente me põe a par do essencial: "bowdlerize: — verbo transitivo — expurgar (livros)". Insatisfeito, leio logo acima desse verbete: "bowdlerization: substantivo — expurgo de livros omitindo trechos vulgares (segundo Thomas Bowdler, editor inglês)".

Procurando saber mais, recorro então à versão eletrônica da velhíssima *Encyclopædia Britannica*:

Thomas Bowdler — (nascido em 11 de julho de 1754, Ashley, perto de Bath, Somerset, Eng. — falecido em 24 de fevereiro de 1825, Swansea, Glamorganshire, País de Gales) foi um médico inglês, filantropo e homem de letras, conhecido por seu *Família Shakespeare* (1818), no qual, por meio de expurgo e paráfrase, ele pretendia fornecer uma edição das peças de Shakespeare que considerasse adequada para um pai ler em voz alta para sua família, sem medo de ofender sua suscetibilidade ou corromper mentes.

Bowdler procurou preservar todas as "belezas" de Shakespeare sem as "manchas" introduzidas (ele supunha) para agradar a uma idade generosa. Bowdler também preparou uma edição expurgada, publicada em 1826, do livro de Edward Gibbon, *A história do declínio e queda do Império Romano*.

Embora criticado por adulterar o texto de Shakespeare, Bowdler merece crédito por tornar as peças conhecidas de um público amplo. A palavra *bowdlerize*, corrente em 1838 como sinônimo de expurgar, e agora usada em sentido pejorativo, continua sendo seu memorial mais duradouro. ("Thomas Bowdler", s/d)

Para quem chegou a ler até aqui, não tenho dúvidas de que se trata de alguém que entende bem. Meia palavra basta: *Bowdler*.

Ou não? Em todo caso, aqui vão mais alguns exemplos de como o texto original ditado por Moreno sofreu mudanças ao longo do largo tempo passado na gaveta. Se formos comparar as duas versões "originais" disponíveis, veremos que, já no primeiro capítulo, os seis primeiros parágrafos publicados na versão de 2019 (p. 116 e 117) foram deslocados. Se dependesse do próprio Moreno, a cena ali reproduzida no início só apareceria ao final do primeiro capítulo, quando ele narra o famoso episódio vivido por ele diante da estátua de Cristo, na cidade alemã de Chemnitz (p. 1-42 a 1-44, na versão deixada por Zerka).

Há mais.

◆

Cinco parágrafos discutíveis

Não deixam de ser intrigantes os cinco parágrafos seguintes, que reproduzo aqui em versão livre feita por mim para o português. Não encontrei nenhum deles na versão deixada por Zerka. Eles aparecem apenas na versão do Jonathan publicada em 2019. Tendo em vista o que já contei a respeito do capítulo faltante, confesso não ter como validar seu conteúdo como sendo do próprio J. L. Moreno, por enquanto. Aqui vão eles:

Deus é aquilo que não existe, aquilo que você tenta encontrar. Albert Einstein, por exemplo, que era um modesto violinista, ouviu o jovem Yehudi Menuhin tocando e exclamou para ele: "Você provou mais uma vez para mim que existe um Deus".

Outra forma de definir Deus é tentar ser Deus, um jogador-Deus. Isso é mais fácil falar do que fazer. Como alguém pode tentar ser um jogador-Deus, a menos que saiba como é Deus? Um jogador-Deus é alguém que tenta ser alguém que não existe. É por isso que a maioria dos jogadores-Deus parecem falsos, farsantes. O único que poderia brincar de Deus é o próprio Deus, mas ele não brinca de ser Deus. Se ele não existe, ele não pode ser definido. Assim, todos os jogos de ser Deus são falsos.

O que o mundo quer é um sonho. O maior sonho da humanidade já produzido é o sonho de Deus. Se o homem quiser um senso de propósito, ele deve receber de Deus, ele dever se projetar em Deus.

Um jogador-Deus é mais um Deus na fantasia do que na realidade. Sua vida amorosa está, portanto, na fantasia. Ele vive de sonhos diurnos.

A universalidade do amor é a forma mais rara de fazer amor. Nós, os humanos, só podemos imaginar esse tipo de universalidade do amor sendo capazes de amar cada indivíduo, homens, mulheres, crianças, bem como animais e plantas. Só podemos imaginar que Deus é o ser que mais ama e que é o mais amado. É difícil imaginar a flexibilidade que Deus deve ter para amar e para receber o amor de milhões de seres, cada um capaz de dar amor à sua maneira. Mas o amor humano é geralmente específico e limitado.

Depois desse último trecho é que começaria o texto do primeiro capítulo, tal como reproduzido tanto na versão abreviada de 1989 como na versão deixada entre os papéis da Zerka.

É significativa, aliás, a ausência — na edição de 2019 — de um fragmento de texto que Zerka havia incluído ao final das publicações fotocopiadas pela Copy Central em 2005 e em 2008, e que aparecem também na edição publicada pela North-West Psychodrama Association em 2011. Trata-se de parte do último texto criado por J. L. Moreno para o livro *Healer of the mind — A psychiatrist's search for faith* [Curador da mente — A busca da fé por um psiquiatra], editado em 1972 por Paul E. Johnson.

No artigo assinado por Moreno, "A religião do Deus-Pai", a primeira parte traz por título "O psicodrama de Deus". Já a segunda se intitula "Uma nota sobre minha autobiografia religiosa", que poderia perfeitamente ter sido incluída na edição de 2019. O que Zerka escolheu para figurar na edição abreviada é o fragmento dessa parte final, que reproduzo aqui:

Mas estou profundamente consciente de não ter tocado concretamente no Deus-Pai. Permaneci amorfo como um Deus vivo. Não quero diminuir e menosprezar os esforços que fiz durante os anos plásticos da minha adolescência, quando quase perdi a vida, quase evaporei no além, não por doença, mas por saúde. Mas falhei por completo em transformar o momento nas necessidades do mundo. A esperança desapareceu dos rostos dos homens. Nossa juventude está desnorteada. Muitas crianças são impedidas de nascer devido à inutilidade do nascimento e da vida. É nas últimas calamidades que meu fracasso se manifesta. Devo admitir humildemente que minha megalomania foi destruída. Nada resta além da coroa e do trono. O corpo está morto.

Meu fracasso em me tornar concreto não foi isento de prêmios e de sucesso limitado. Todas as minhas tentativas científicas no campo da psicoterapia tiveram fortes tendências religiosas. Para dar a conhecer as novidades das minhas descobertas e demonstrar os benefícios que as pessoas poderiam retirar delas, fiz viagens pelo mundo. Nessas viagens encontrei na minha esposa, Zerka, uma parceira difícil de superar. Cada sessão de grupo e de psicodrama era um encontro vivo. As pessoas vinham com seus problemas para se reunir conosco. Seria difícil enumerar todos os locais que visitamos, do Arkansas à Califórnia, de São Francisco a Montreal, de Paris a Londres, Munique, Viena, Frankfurt, Bonn, Heidelberg, Colônia, Praga, Varsóvia, Budapeste, Oslo, Moscou, Belgrado, Roma, Atenas, Constantinopla, Barcelona, Jerusalém, finalmente os Institutos Pavlov e Bechterev, em Leningrado — para mencionar apenas alguns. Eles anunciaram o nascimento de uma nova religião terapêutica que está gradualmente espalhando as notícias do novo homem cósmico e combatendo o anti-homem. Contudo, todas esses avanços e conquistas não me enganaram quanto ao fracasso da concretude de estabelecer o Deus-Pai para todas as pessoas como um vínculo de união entre elas. Principalmente, portanto, o mundo está dividido, fragmentado, vagando desesperadamente na escuridão de um futuro incerto.

Em resumo: como concretizar a imagem do Deus-Pai. Uma maneira de se expandir, se você tem apenas um corpo pequeno como o de um homem, é ser o universo inteiro, expandir-se, ter mais cérebros, mais olhos, mais ouvidos, mais braços, mais pernas, mais pulmões, mais coração. Outra forma é absorver tudo o que já existe no universo, todas as pessoas, e juntá-las, unificando o que está separado, homem e homem, homem e animal, homem e planta, homem e planetas e estrelas, integração do mundo. Outra maneira é manter o futuro do universo dentro dos vínculos do seu poder, antes que as coisas se separem de você e se desenvolvam além de você. O robô, por exemplo, está se desenvolvendo independentemente do homem, construindo um mundo futuro para si mesmo. Será ainda possível conter as ramificações do seu crescimento, trazê-lo de volta ao controle do homem, ou será tarde demais?

O Deus-Pai é irresistível, tem um impulso irresistível de incluir tudo num só. É, portanto, difícil moldar o Deus-Pai, a menos que ele desperte a cooperação de todas as outras partes da existência para ajudá-lo, desenvolvendo a capacidade de ouvir tudo o que acontece no mundo, de ver tudo, de sentir tudo, de compartilhar com todos a dor e a alegria, a esperança e a emoção de viver, para se tornar cada vez mais quem tudo compartilha, tudo cria, tudo envolve.

Então eles verão você em todos os lugares e reconhecerão que você não é apenas um homem ou um outro homem, mas o próprio Deus-Pai. No nosso tempo, Deus não deveria estar apenas numa igreja ou noutra, mas em todos os meios que ligam as pessoas umas às outras, em todas as telas de televisão, em todos os navios, em todos os aviões, em todos os sonhos. Se ele não está, deveria estar. Ele deveria ser feito para estar. O fim do mundo pode chegar, mas enquanto houver coisas para criar, não o fim de Deus-Pai.

Sem pretender sustentar uma discussão filosófica a respeito da última etapa do pensamento de J. L. Moreno sobre a concepção de Deus, que o acompanhou desde a primeira infância até a fase final de sua vida produtiva, cabe perguntar: afinal, com que Deus ficamos? Com esse delineado nos cinco parágrafos inseridos no primeiro capítulo da versão autobiográfica de 2019? Ou com o Deus-Pai dos últimos escritos de J. L. Moreno? Em uma, "Deus é aquilo que não existe", sendo, portanto, resultado imaginado por um "jogador-Deus" em seus "sonhos diurnos". Na outra, excluída da *Autobiografia de um gênio* na versão recente, "Deus-Pai" não apenas continua vivo na mente e na escrita de Moreno, como há uma série de sugestões sobre "como concretizar a imagem" dele.

Não tenho dúvida: pelo menos para mim, vale mais a "autobiografia religiosa" do pai.

Enfim, se fôssemos passar a revisão de todo o texto autobiográfico a pente fino, encontraríamos outros "senões", felizmente menores. É o caso, por exemplo, do título do segundo capítulo, que na primeira versão (de Zerka) aparece como "Invitation to an encounter" [Convite para um encontro], passa a "A new prophet" [Um novo profeta] na de Jonathan, editada em 1985, e chega finalmente a "Transition" [Transição"] na versão de 2019.

Como detalhe, poderíamos ainda observar que, na parte da história reservada à experiência de Moreno no campo de refugiados italianos em Mitterndorf, a expressão original "campo de concentração" foi substituída por algo mais palatável: "campo de prisioneiros". Na tradução feita por Luiz Cuschnir, "era realmente uma prisão" (Moreno, 2014, p. 93).

◆

Deixemos de lado esses pormenores e passemos ao ponto principal, que mais dúvidas suscita no processo de validação dessa obra-chave de J. L. Moreno. É o tal capítulo faltante. Vale a pena reproduzir aqui o texto apresentado como sendo esse capítulo. Já mostrei que se trata, objetivamente, de texto escrito pelo Jonathan, num exercício de inversão de papéis com o pai. Por isso, a versão apresentada pelos editores como sendo esse "Epílogo" a peça que faltava é que me faz manter a pulga atrás da orelha.

Não há como aceitar a informação apresentada por eles de que em setembro de 2018 "foi encontrado o capítulo final que presumíamos estar perdido". Como contei aqui atrás, eu já havia encontrado esse texto cinco anos antes, e lá vem de novo o tal gato escondido com o rabo de fora.

Em todo caso, pela importância informativa desse texto para a história do movimento psicodramático, aqui vai ele:

*Epílogo — O amadurecimento do psicodrama
e a morte do seu criador*

Não estou mais vivo. Morri antes da concepção ou do registro destas palavras. No entanto, o fato de eu ter morrido não significa que a condição da minha existência deva ser caracterizada como não Ser. No mínimo, todo ser humano continua a Ser, enquanto aqueles que estão em seu átomo social se comprometerem a preservar sua espontaneidade única, por meio de uma adequada inversão de papéis com ele.

Meu filho Jonathan está fazendo exatamente isto: ele está invertendo papéis comigo para completar minha autobiografia, uma vez que a vida humana consiste nos dramas do nascimento e da morte, bem como naqueles que estão entre esses polos da existência. Ao fazer isso, Jonathan assume uma tremenda responsabilidade, pois a sua inversão de papéis exige dele a máxima espontaneidade e criatividade. Caso ele deturpe meu caso, se ele permitir que suas próprias distorções entrem no meu entendimento, não há nenhuma técnica de correção possível. É exatamente porque não sou um protagonista terrestre que estou desprotegido, e Jonathan deve se abrir para minhas palavras. Há 55 anos, eu me comprometi a falar como Deus; agora, meu filho se empenha para falar como eu.

Os anos entre 1970 e 1974 foram favoráveis e produtivos para o movimento psicodramático. Foi durante esses anos que tive a sorte de ver minhas ideias se enraizarem em vários setores da sociedade humana. Além do interesse contínuo e crescente dos acadêmicos nas ciências da sociometria, a terminologia psicodramática tornou-se firmemente estabelecida no vocabulário popular. Parte desse fenômeno deveu-se à gradual decepção com o Movimento Encounter, que ganhara tanta popularidade no final da década de 1960. Seus proponentes estavam começando a reconhecer minha liderança na área, como Will Schutz, de Esalen, em seu livro *Here comes everybody*. Somente agora muitos participantes estão se dando conta de que as sessões de sensibilidade das quais fizeram parte foram simplesmente psicodramas abortados e que, nessas circunstâncias, a criatividade deles foi estimulada, mas sem nenhum direcionamento.

Muitos marcos importantes foram conquistados pela crescente força do psicodrama durante esses anos. Em 1971, o Congresso Internacional de Psicodrama em Amsterdã deixou claro que minhas ideias não eram mais consideradas excessivamente excêntricas pela comunidade psicológica. Um grande jornal de Amsterdã publicou uma grande foto minha e de Zerka. A manchete me chamava de "Freud da psicoterapia de grupo". Sinto-me meio ambivalente com relação à analogia.

A American Society of Group Psychotherapy and Psychodrama [Sociedade Estadunidense de Psicoterapia de Grupo e Psicodrama] teve um enorme crescimento, e isso se refletiu no incrível aumento da participação a cada ano. Era sempre uma satisfação especial estar em uma das nossas reuniões anuais em Nova York, e pensei muitas vezes que havia realmente tomado a decisão certa quando saí de Viena há 50 anos.

No verão de 1973, precisei tomar uma decisão: eu estava suficientemente bem de saúde para ir ao Congresso Internacional de Psicoterapia de Grupo, em agosto, em Zurique? Eu sentia muita dor, por causa da artrite na perna direita, e sofria com as várias dificuldades [típicas] dos idosos para controlar meu corpo. Mesmo assim, nenhuma dúvida de fato me passou pela mente quanto a minha decisão final, em grande parte porque nesse congresso seria finalmente estabelecida a Associação Internacional de Psicoterapia de Grupo, representativa de várias nações e com um distinto quadro de membros, confirmando o caráter multinacional e profissional do movimento da psicoterapia de grupo. Senti que era necessário que eu estivesse presente na fundação dessa organização e, por isso, fui a Zurique.

O último evento público em que estive presente foi o jantar de premiação da New York Society of Clinical Psychologists [Sociedade Novaiorquina de Psicólogos Clínicos], em Manhattan, cerca de três meses antes de eu morrer. Eu havia sido selecionado por essa prestigiosa entidade para receber um prêmio especial, pelo meu trabalho na área da saúde mental. Essa organização é considerada um tanto conservadora e, portanto, o fato de eu ser reconhecido por eles foi uma honra significativa.

Houve um jantar no Hotel Roosevelt com vários palestrantes, e houve entrega de prêmios antes do meu. O dr. Jacob Chwast, ele também ganhador de um prêmio, o de "Psicólogo do Ano", disse algo que eu realmente nunca esquecerei. Ele me chamou de "Psiquiatra do Século". Foi um dos maiores elogios que eu recebi. Quando meu nome foi chamado, houve uma tremenda ovação na sala de banquetes, e todos ficaram em pé. Lembro-me do que eu disse naquela tarde, depois que pararam de aplaudir:

— Estou constrangido! Não tenho nada a dizer! Vejam, quanto mais velho eu fico, mais gratidão sinto por pessoas como vocês. O amor é indivisível! Amo todos vocês! Venham para nossa reunião em abril!

Foi um discurso curto, mas muito eficaz.

Três semanas após o banquete, uma grave epidemia de influenza se abateu sobre Beacon. Era o mesmo vírus que havia aparecido em outros lugares naquela primavera, uma cepa particularmente tenaz. Eu, Zerka e outras pessoas do instituto fomos vítimas, mas para mim foi um choque particularmente tremendo. Não consegui me livrar da doença e, depois de vários dias, tive recaídas seguidas. Da última vez, devo ter tido um derrame, porque as consequências ainda estão bem confusas para mim. Lembro que não conseguia reunir meus pensamentos, mas eu sabia que Zerka tinha saído de férias por uma semana, porque ela precisava desesperadamente de um descanso. Depois de ter sofrido aquele baque, deve ter sido no dia seguinte, uma das secretárias me disse que Jonathan estava voltando para casa por alguns dias, pois ele estava de férias da faculdade.

Eu estava sentado na cadeira do meu quarto quando ele entrou; levei um tempo para reconhecê-lo, embora tenha ficado muito feliz em vê-lo. Devo ter dito algumas incoerências por vários minutos, mas aí Jonathan disse algo que chamou minha atenção. Comentou que estava preocupado comigo e que queria que eu me cuidasse adequadamente. Eu não estava comendo havia alguns dias e não estava tomando meus remédios. Talvez eu estivesse negando minha doença para mim mesmo, ou achasse que ninguém estava muito preocupado comigo. De qualquer forma, quando Jonathan disse isso, me fez realmente parar e tentar me recompor. Olhei para a cama de hospital que havia sido alugada para mim, porque eu estava desconfortável em minha outra cama, e disse a Jonathan que queria dormir. Ele me ajudou a deitar e acho que dormi por sete horas seguidas, muito melhor do que em muitos dias, porque quando acordei senti que minha mente estava novamente clara, embora meu corpo ainda doesse. Chamei Jonathan e ele desceu as escadas e me ajudou a sentar em minha cadeira. Em seguida, tivemos uma conversa extraordinária, que marcou um clímax dramático em nosso relacionamento.

Nunca me considerei uma pessoa de "família" no sentido usual, assim como nunca me considerei cidadão de uma única nação ou membro de uma única raça. Em vez disso, optei por me considerar marido, pai ou irmão de todas as famílias, abrindo-me assim para relacionamentos com todas elas. Mas nessas últimas semanas, deitado na cama de hospital em minha casa, fiquei cada vez mais consciente de meu papel como membro de uma família específica.

Acredito que há certas implicações metafísicas no encontro entre pai e filho. Isso me chamou mais a atenção quando vi meu filho se tornar um homem. Em geral, tínhamos um relacionamento afetuoso, mas distante, quando ele era criança.

Parece paradoxal, mas não deixa de ser verdade, porque estávamos cientes de nossas diferentes necessidades: Jonathan estava explorando todas as suas possibilidades criativas em um mundo novo e desconhecido;

eu estava correndo para utilizar todo o tempo possível para ampliar minhas ideias. Nós dois reconhecemos nossos respectivos projetos e demos espaço um ao outro para trabalhar. Houve grandes exceções a isso, é claro, como durante o período da amputação de Zerka. Durante as três semanas de sua permanência no hospital, trabalhamos juntos de forma intensa e próxima para nos prepararmos para seu retorno.

Mas, à medida que Jonathan crescia, comecei a ver nele muitas das características que me lembravam eu mesmo na sua idade, tanto física quanto intelectualmente, e às vezes eu tentava aconselhá-lo sobre qual direção ele deveria tomar. Eu não queria empurrá-lo para uma posição dinástica, mas desejava ajudá-lo a evitar os erros que cometi. Assim, me vi em um dilema típico dos pais. Mas naquela manhã, quando estávamos sentados juntos, um filho começando sua vida e um pai terminando a sua, todas essas complicações foram banalizadas diante de nossos respectivos destinos.

Eu me sentei na cadeira, bebendo água com gás. Jonathan sentou-se na cama à minha frente. Havia silêncio total na casa, e parecia que éramos dois atores interpretando a cena principal sob um holofote. Ele olhou para mim.

— Como está se sentindo? — perguntou.

— Melhor — respondi. — Estou com gripe.

Jonathan acenou com a cabeça:

— Eu também estou gripado.

Pensei por um momento:

— Quando sua mãe voltar, deveríamos nos sentar juntos e conversar sobre o futuro... Precisamos nos manter unidos.

Jonathan assentiu; estávamos reafirmando nosso compromisso mútuo. Isso nunca havia sido dito antes, embora pudéssemos estar vagamente cientes disso. Agora, estava surgindo espontaneamente no momento crucial.

— Que horas são? — perguntei.

— Quatro e meia — disse ele.

Fiquei olhando para ele por um tempo. Ele tinha deixado a barba crescer e isso lhe dava a aparência de um jovem sábio e pensativo. Parecia mais filosófico do que antes, como se tivesse entrado em uma nova era. Notei a mudança.

— Você está diferente — eu disse.

— Eu sou diferente — respondeu ele, sorrindo.

Pensei um pouco mais em minhas preocupações com o futuro dele; a vida do filho de um homem famoso pode ser dolorosa, e eu sempre me preocupei com seu futuro, com sua capacidade de lidar com isso. Mas agora eu me sentia aliviado, porque via em seu rosto que ele estava preparado.

— Você será um homem muito bem-sucedido — eu disse.

— Eu serei diferente.

Acenei com a cabeça em concordância.

— Sim, você será diferente.

Nós nos encontramos como pai e filho nessa crise, mas foi por causa da capacidade de Jonathan de lidar com a situação que ficou claro que ele havia se tornado uma entidade separada. Ele era o filho de seu pai, um homem por si só, e foi somente ao assumir totalmente a responsabilidade como um deles que ele floresceu no outro.

Daquele momento em diante, até minha morte, tivemos uma relação extremamente próxima e física. Nós nos comunicávamos de forma não verbal, de modo que eu não precisava gastar energia para falar; ele beijava minha testa e eu segurava sua mão.

Minha filha, Regina, logo veio me visitar, ainda com a aparência muito jovem e adorável, como anos antes. Regina, Jonathan e eu ficamos sentados em meu quarto por alguns minutos naquela tarde. Embora fosse uma ocasião um tanto difícil para nós estarmos juntos, mesmo assim eu gostei muito.

— Uma reunião de família — eu disse, olhando para Jonathan.

Claro, houve diversas outras pessoas ao meu redor durante aquelas semanas. Meus alunos do mundo todo estavam vindo cumprimentar seu professor pela última vez, e tive momentos inesquecíveis com eles, muitos mesmo para contar. Eu achava suas visitas cansativas, mas estava determinado a ver todos os que viessem, se pudesse. Em retrospecto, meu único pesar durante esse período foi não ter podido participar, em abril, das reuniões da nossa sociedade em Nova York. Eu tinha imaginado deixar meu leito de morte para um gesto final e triunfante, mas não tive força suficiente para completar o ato.

Descobri que minha mente estava intacta na maior parte do tempo e consegui fazer uma certa quantidade de reflexões. Percebi várias coisas com mais clareza enquanto esperava para morrer, e uma delas certamente foi o significado pleno do meu casamento com Zerka. Tínhamos um relacionamento fantasticamente completo; é impossível avaliar o efeito que ela produziu na divulgação de meu trabalho, o quanto o mundo está em dívida com sua força e determinação. Seu exemplo me deu coragem em minha dor, e sua presença derreteu o gelo que dezenas de vezes me prendia.

Naquela manhã de minha morte, Zerka ficou comigo por horas, segurando minha mão e facilitando meu caminho. Fiquei grato porque senti que o tempo não foi longo. Em determinado momento, embora eu mal estivesse consciente, senti que Zerka havia saído do quarto; somente a srta. Quinn permaneceu comigo.

— Agora é a hora — pensei. — Agora é a hora de ir embora.

Nenhuma mulher deveria ter que ver seu marido morrer; pelo menos eu poderia protegê-la disso.

Resolvi dar meus últimos suspiros e atravessar a escuridão até minha casa. Voltei a entrar no cosmos, e fiz da morte minha conquista final.

Não tenho dúvida de que se trata de um exemplo modelar da técnica de inversão de papéis. Acontece, porém, que, mesmo em psicodrama, é fundamental poder distinguir entre o plano da realidade objetiva e o da realidade suplementar. No caso, a autoria do texto sendo mesmo de Jonathan, reconhecidamente, a ideia de apresentá-lo como parte da autobiografia, em nome de J. L. Moreno, me parece inadequada. Definitivamente, não há como validá-lo como capítulo final que, sem dúvida nenhuma, continua faltando.

◆

Chegamos assim à etapa final do processo de validação da obra *Autobiografia de um gênio*, versão 2019. Mesmo pretendendo ser considerada a versão definitiva, as opções editoriais encontradas para preencher o volume de 466 páginas me parecem discutíveis. Explico por quê.

Na divisão feita em três volumes, o primeiro deles, "Preludes to my autobiography" [Prelúdios à minha autobiografia], já tinha sido publicado como introdução à segunda edição de *Who shall survive — Foundations of sociometry, group psychotherapy and sociodrama* [Quem sobreviverá? — Fundamentos da sociometria, psicoterapia de grupo e sociodrama], com o título de "Preludes to the sociometric movement" [Prelúdios ao movimento sociométrico], em 1953. Posteriormente (2012), o texto também foi publicado separadamente, já como *Preludes to my autobiography*, pela Nort-West Psychodrama Association. Era desnecessário, portanto, incluí-lo de novo, aumentando o volume em 86 páginas e, logicamente, o custo de produção e o preço de capa, num contexto internacional evidente de crise editorial.

Além disso, foi também decidida a inclusão de um "Book III" [Livro terceiro], trazendo por título "The king of the hippies (the cosmic man) [O rei dos hippies (o homem cósmico)], que ocupou mais 62 folhas. Nesse caso, o problema nem é tanto de volume.

Por mais elementos autobiográficos que possam aparecer em obras de ficção, um romance tem identidade literária própria. Tanto assim que, no catálogo da biblioteca Francis Countway, em Harvard, todo o material que Moreno tinha produzido para a elaboração dessa obra foi classificado na caixa 97, *Unpublished works — Novel of the king, or the cosmic man: complete typescript* [Obras inéditas — Romance do rei, ou o homem cósmico: texto datilografado completo] 215 p.".

Nessa caixa, aliás, entram também versões anteriores do romance, incluindo uma na qual "Deus ganha o Prêmio Nobel" (pasta 1596). São todos trabalhos inéditos, que ocupam três outras caixas (da 98 a 100), o que dá uma ideia do trabalho de pesquisa que ainda espera quem quiser conhecer melhor a obra desse genial criador. Nem por isso se justifica a identificação do romance como livro pertencente à *Autobiografia de um gênio*, tal como se vê na versão de 2019.

Concluindo: continua em aberto o processo de validação dessa obra-chave. Não há dúvida de que o mistério do capítulo faltante permanece como desafio a ser elucidado, assim como a razão que levou os editores à invenção criativa do precioso "Epílogo" como "chave de ouro".

Uma sugestão para futuras edições, inclusive em português: facilitará bastante a publicação da *Autobiografia de um gênio* como livro à parte, assim como a edição em separado do romance com o título de "O rei dos hippies" — ou, ainda melhor, "O homem cósmico". Tanto uma obra como a outra trazem elementos fundamentais para o reconhecimento do monumental trabalho desenvolvido por Moreno, com o apoio decisivo de Zerka.

Mesmo não reconhecendo validade quanto ao uso do "Epílogo" como capítulo faltante, cabe, no entanto, ressaltar também o valor inquestionável desse documento como fonte de uma série de lições, entre as quais pelo menos duas são inestimáveis. A primeira tem que ver com a afirmação nitidamente jacoblevymoreniana de que, "no mínimo, todo ser humano continua a Ser enquanto aqueles que estão em seu átomo social se comprometerem a preservar sua espontaneidade única, por meio de uma adequada inversão de papéis com ele".

Já a segunda vale também pelas possibilidades de seu uso contrário, ou seja: quando o autor da magistral inversão de papéis reconhece estar assumindo "uma tremenda responsabilidade", ele mesmo levanta a hipótese de vir a deturpar esse caso. Isso só acontecerá, no entanto, "se ele permitir que suas próprias distorções" entrem em ação. Já a dedução de que "não há nenhuma técnica de correção possível" é que pode ser claramente questionada. Enquanto o autor real do texto estiver vivo, haverá sempre a esperança de que ele próprio contribua, se puder, para esclarecer o agora já conhecido mistério: o da peça que falta nesse quebra-cabeças da *Autobiografia de um gênio*. Sem ela, ficaremos inclusive sem mais detalhes sobre o celestial debate, ao final do qual o próprio dr. Freud insinua só não ter se tornado psicodramatista porque não teve tempo.

Será? E quem viver, verá? Enquanto isso, mais um gato vem aí. Só que, dessa vez, como símbolo clássico de um fenômeno ainda pouco explorado pelos teóricos do movimento psicodramático: a curiosidade. Foi ela que matou o dito cujo?

4. Atenção à curiosidade: o terceiro fator?

"MORENO FOI PARA A escola em Viena, onde rapidamente se tornou um dos alunos favoritos devido à sua curiosidade e inteligência", relatam Paul Hare e June Rabson Hare em seu conciso livro *J. L. Moreno*, sobre a vida, as contribuições e as influências do criador do psicodrama moderno (Hare e Hare, 1996, p. 4). Em sua autobiografia, porém, Moreno não dá muita atenção à primeira dessas qualidades, preferindo concentrar-se desde o início em dois outros fatores combinados, a espontaneidade e a criatividade, que estarão na base de seu sistema triádico: psicoterapia de grupo, sociometria e psicodrama, seguindo a ordem histórica de sua construção.

Embora tenha sido considerado por Hare "um escritor prolífico", por seus mais de 300 livros e artigos produzidos sozinho ou com outros (Hare, 1986a, p. 85) — na verdade, 319 títulos exatamente são listados pelo sociólogo na compilação de sua bibliografia (Hare, 1986), além de seus 160 *psychological abstracts* [resumos psicológicos] publicados pela APA —, em nenhum momento Moreno se deterá na curiosidade como objeto de estudo.

É verdade que esse tema não estará totalmente ausente de seus textos, mas sem merecer uma análise mais específica. Um dos exemplos mais claros é o caso do conde da Baviera, considerado pelo próprio Moreno seu "primeiro paciente residente" (ver cap. 10 de *Moreno, o Mestre*, p. 160-162). Depois de relatar detalhes de suas primeiras interações, incluindo "um psicodrama do conde moribundo, minha enfermeira e eu desempenhando os papéis de egos auxiliares", Moreno comenta que, "nas pausas entre um experimento com a morte e outro, tínhamos intensas discussões sobre as várias formas de suicídio". Em consequência disso, acrescenta o psiquiatra, "o conde, com sua curiosidade despertada, começou a pesquisar os méritos de uma forma de suicídio em oposição a outra" (Moreno, 2019, p. 248-249, tradução livre).

Em outro texto escrito já nos Estados Unidos, durante o período de suas experiências com o método de improvisação *Impromptu*, Moreno conclui seus argumentos a favor desse "método prático e simples para o direcionamento das forças que determinam o desenvolvimento da personalidade" (Moreno, 1929, p. 1), expressando sua confiança de que "o que dissemos aqui será suficiente para despertar a curiosidade e o desejo de investigar" (p. 8).

Variações desse termo aparecem ocasionalmente também em outros momentos de sua escrita, como quando se refere, por exemplo, a "uma maioria de curiosos" que comparecem à sessão histórica de 1º de abril de 1921, ou ao protocolo da sessão de encerramento do "psicodrama de um casamento", durante a qual uma das participantes do triângulo amoroso, Ellen, responde à pergunta de Moreno sobre "o que atrai as pessoas quando se apaixonam" afirmando: "Um fator é a curiosidade" (Moreno e Moreno, 1975, p. 132).

As referências não vão além disso, e o que se pode afirmar a seu favor é que pelo menos Moreno não caiu na tendência histórica de associar o fenômeno da curiosidade aos aspectos negativos de suas manifestações. Basta consultar o *Diccionario de la lengua española*, por exemplo, para verificar a persistência de tais julgamentos já nas duas primeiras acepções do termo, embora as demais forneçam significados mais positivos:

curiosidad. (Del lat. *curiosĭtas, -ātis*). F. Deseo de saber o averiguar alguien lo que no le concierne. [Desejo de saber ou descobrir de alguém o que não lhe diz respeito.] || 2. Vicio que lleva a alguien a inquirir lo que no debiera importarle. [Vício que leva alguém a perguntar sobre o que não deveria lhe preocupar.] || 3. Aseo, limpieza. [Asseio, limpeza.] || 4. Cuidado de hacer algo con primor. [Cuidado em fazer algo com primor.] || 5. Cosa curiosa o primorosa. [Coisa curiosa ou primorosa.] (RAE, 2001, p. 486)

Já em inglês, o dicionário *Merriam-Webster* define *curiosity* em sua primeira acepção como "desejo de saber", considerando "arcaico" seu significado de "tendência condenável ou desejo de investigar ou buscar conhecimento (como assuntos sagrados) ou de investigar muito meticulosamente qualquer assunto". Além disso, informa o léxico, o primeiro uso do termo data do século 14 ("Curiosity", 2024).

◆

Usando exemplos religiosos e mitológicos bem conhecidos, como Adão e Eva com a serpente, e a caixa que Pandora abre com todos os males, o psicólogo e pesquisador francês Stéphane Jacob considera que "esse tema da curiosidade que leva ao prejuízo e ao erro é recorrente na cultura ocidental". Em seu livro *La curiosité — Éthologie et psychologie* [Curiosidade — Etologia e psicologia], Jacob menciona "os antigos moralistas" Plutarco, Sêneca e Santo Agostinho, que "condenam a curiosidade pela desordem que ela é capaz de induzir no comportamento, pela necessidade incessantemente renovada de novidades, de espetáculos, para realçar coisas ocultas a que ela induz" (Jacob, 2002, p. 7-8).

De fato, em sua obra *Moralia* [Obras morais e costumes], o biógrafo grego dedica um de seus mais de 60 ensaios à curiosidade.

Diferentemente da versão latina do título, *De curiositate* [Sobre a curiosidade], a tradução literal do grego *Περὶ πολυπραγμοσύνης*, ou seja, *Sobre ser intrometido*, oferece um sentido claro da orientação tomada por Plutarco no texto 39 de sua coleção de 14 volumes (Plutarco, 1939). Já na definição dada por ele no início, não há dúvida quanto à sua visão sobre aquela "doença da mente", ou seja, "um desejo de descobrir os problemas dos outros, uma doença que parece não estar livre do ciúme nem da malícia" (p. 475). Mais adiante, argumenta, "já que a curiosidade é uma mania de saber o que os outros escondem e dissimulam, e já que ninguém esconde uma coisa boa quando a tem, é por isso que as pessoas até fingem ter coisas boas quando não as têm" (p. 489-490).

Além disso, Plutarco não hesita em atribuir à curiosidade a causa da tragédia de Édipo, observando:

Na verdade, foi a curiosidade que envolveu Édipo nas maiores calamidades. Acreditando que não era de Corinto, mas um estrangeiro, e tentando descobrir sua identidade, ele conheceu Laio; e quando já havia matado Laio e tomado, além do trono, sua própria mãe por esposa, apesar de parecer a todos abençoado pela fortuna, voltou a tentar descobrir sua identidade. Embora sua esposa tentasse impedi-lo, ele o fez ainda mais vigorosamente, questionando o ancião que conhecia a verdade, fazendo valer todas as formas de coação. (p. 511)

O que o psicólogo francês não comenta, mas o escritor britânico Ian Leslie, sim, é que, na Atenas antiga, curiosidade significava "a busca do conhecimento apenas como um fim em si mesmo" e que, segundo Aristóteles, "o homem investigava o mundo e fazia teorias sobre isso porque era interessante" (Leslie, 2014, p. 59). Na verdade, mais de três séculos antes de Plutarco, Aristóteles tinha comentado, em sua *Metafísica*, que com efeito, foi pela admiração que os homens começaram a filosofar tanto no princípio como agora; perplexos, de início, ante as dificuldades mais óbvias, avançaram pouco a pouco e enunciaram problemas a respeito das maiores, como os fenômenos da Lua, do Sol e das estrelas, assim como a gênese do universo. E o homem que é tomado de perplexidade e admiração julga-se ignorante [...]; portanto, como filosofavam para fugir à ignorância, é evidente que buscavam a ciência a fim de saber, e não com uma finalidade utilitária.. (Aristóteles, 1969, p. 40)

Autor de *Curious — The desire to know and why your future depend on it* [Curioso — O desejo de saber e por que seu futuro depende disso], de 2014, Leslie traça uma perspectiva histórica do fenômeno em "três eras", afirmando que, em certas épocas, a curiosidade foi "considerada um vício, em outras uma virtude e, na nossa, uma mistura confusa de ambos" (p. 59). Entre os romanos, que terão herdado dos gregos "aquele conceito purista de curiosidade", Leslie menciona Cícero por sua definição de curiosidade como "um amor inato pelo aprendizado e pelo conhecimento" (p. 60). A esse respeito, a tradução do comentário feito pelo filósofo romano é mais elucidativa:

É tão grande o amor pelo saber e pela ciência em nós inato que se revela impossível aceitar que a natureza humana precisa de incentivos materiais para dedicar-se ao estudo. Não vemos nós as crianças entusiasmarem-se pela observação e investigação do mundo que as rodeia, a ponto de nem sob ameaça de castigo a interromperem? E que, se as desviamos, elas voltam à carga? Não vemos como ficam contentes quando aprendem algo de novo? (Cícero, 2018, p. 496)

Por outro lado, a referência de Jacob ao fato de que Sêneca estaria entre aqueles que "condenam a curiosidade" certamente merece restrições. Apesar das críticas que o filósofo faz em "Sobre a brevidade da vida", de como "esta frívola paixão de aprender inutilidades apossou-se também dos romanos" (Sêneca, 2006, § 13-1), ele não para de elogiar a curiosidade afirmando, por exemplo, em "Da vida retirada", que:

> A natureza deu-nos um espírito curioso e consciente de sua perícia e beleza; criou-nos para a contemplação desses grandes espetáculos. Tudo isso perderia a sua riqueza de coisas grandiosas, excelsas, tão nitidamente estruturadas, tão brilhantes e formosas, se ficasse visível apenas para a solidão! (2011, cap. III)

◆

Quem condena a curiosidade sem nuanças são representantes da Igreja Católica, "figuras-chave que consideravam a curiosidade um desvio pecaminoso do único objetivo digno de contemplação: Deus", comenta Leslie, referindo-se sobretudo a Santo Agostinho (Leslie, 2014, p. 60). Em seu livro *Confissões de Santo Agostinho*, o bispo de Hipona realmente critica o que chama de "apetite do conhecimento":

> A isso se acrescenta outra forma de tentação mais perigosa. Porque, além da concupiscência da carne, que consiste no deleite de todos os sentidos e prazeres, em que seus escravos, que se afastam de ti, definham e perecem, a alma tem, por meio dos mesmos sentidos do corpo, um certo desejo vão a curioso, velado sob o título de conhecimento e aprendizagem, não de se deleitar na carne, mas de fazer experimentos por meio da carne. Senso a sede desse desejo o apetite do conhecimento, e sendo a visão o sentido mais usado para obter conhecimento, ele é chamado na linguagem divina de concupiscência dos olhos. (Santo Agostinho, 2023, livro X)

Santo Anselmo (1033/34-1109) não aparece na lista de "figuras-chave" apontadas por Leslie, mas, segundo o monge Eadmer, biógrafo britânico do arcebispo de Canterbury e autor de *Liber De Sancti Anselmi Similitudinibus* [Livro das comparações de Santo Anselmo], são várias as lições deixadas por esse doutor da Igreja sobre a curiosidade. Depois de afirmar que "a vontade própria está no prazer, no orgulho ou na curiosidade" (Eadmer, s/d, p. 608), o autor define esse termo como "o estudo para esquadrinhar o que sabemos, sem qualquer utilidade", chegando a distinguir 16 tipos de curiosidade, "cinco das quais são simples, seis são duplas, quatro triplas e uma quádrupla" (p. 614).

Do ponto de vista da doutrina católica, será preciso esperar até que o *Doctor Angelicus* Santo Tomás de Aquino (1224/25--1274) retome o conceito de curiosidade em uma dimensão mais positiva. Para Leslie (2014), "Aquino era um pouco mais favorável ao desejo aristotélico do conhecimento do mundo" (p. 61), mas o escritor e professor argentino-canadense Alberto Manguel, em seu livro *Curiosity* [Curiosidade], oferece uma visão ainda mais ampla, observando que "o ponto de partida de todas as buscas, para Aquino, é a célebre declaração de Aristóteles 'Todos os homens desejam por natureza saber', à qual se refere Aquino várias vezes em seus escritos" (Manguel, 2015, p. 23). Ainda assim, pondera o autor, Tomás de Aquino levou a preocupação de Agostinho mais além, "argumentando que o orgulho é só a primeira das quatro possíveis perversões da curiosidade humana". Em relação às outras três, trata-se da "busca de assuntos menores", "no estudo das coisas deste mundo sem a referência do Criador", e "quando estudamos o que está além dos limites de nossa inteligência individual" (p. 23).

Quanto ao segundo período histórico apontado por Leslie, ele considera que é a partir do século 16, ou seja, "com o ressurgimento do interesse pelas ideias clássicas que ficou conhecido como Renascimento que a curiosidade começou a ser respeitável de novo", mencionando especificamente Leonardo da Vinci como aquele que "encarnou um novo e ousado interesse pelo desconhecido, pelo não examinado e pelo proibido" (Leslie, 2014, p. 61).

É durante esse período, complementa o físico britânico Philip Ball em seu livro *Curiosity — How science became interested in everything* [Curiosidade — Como a ciência se tornou interessada por tudo], que aparece "um novo modelo para a curiosidade", voltando a ser aceitável "desejar saber sobre as coisas, sempre e quando esse desejo seja perseguido com graça desapaixonada" (Ball, 2012, p. 52). Aí surgem os "gabinetes de curiosidades", montados primeiro por nobres italianos e depois também pelos alemães. Ball explica que não se tratava literalmente de um móvel, mas de "qualquer espaço fechado — o maior que vários quartos poderiam ocupar, normalmente repletos de objetos do chão ao teto, talvez com anexos para a realização de experimentos". O gabinete de curiosidades do duque da Bavária em Munique, por exemplo, foi chamado de "*theatrum sapientiae*, um teatro do conhecimento equivalente a uma representação estilizada de tudo o que poderia ser pensado ou visto no mundo", comenta o físico sobre esse "teatro da curiosidade" — acrescentando que "a ideia do mundo como um teatro, frequentemente creditada a Shakespeare, era (como muitas das imagens mais memoráveis do bardo), de fato, parte familiar do cenário intelectual do fim do Renascimento" (p. 55).

◆

Ainda que até o momento não tivesse publicado nenhum livro sobre o tema, o pesquisador estadunidense George Loewenstein é referência constante na literatura especializada sobre o tema, sobretudo por seu artigo "The psychology of curiosity — A review and reinterpretation" [A psicologia da curiosidade — Uma revisão e reinterpretação]. Professor de economia e psicologia na Carnegie Mellon University, Loewenstein comenta que "os primeiros debates sobre a curiosidade, anteriores ao surgimento do campo da psicologia, foram realizados por filósofos e pensadores religiosos" e que se concentraram "na questão do *status* moral da curiosidade, mais do que em seus fundamentos psicológicos". É o que explica "as oscilações de atitude", quando a suposição da curiosidade como virtude "era periodicamente substituída pela tendência a condená-la como vício" (Loewenstein, 1994, p. 76).

O professor da Carnegie Mellon afirma que as primeiras discussões dos psicólogos "aderiram à visão pré-moderna da curiosidade", observando que Freud se referiu a ela como "thirst for knowledge" ["pulsão de saber"] (Freud, 1981, p. 1367) ou "apetite por saber" (Freud, 1980, p. 2)] ou como "Schaulust", que, traduzido, "se aproxima da luxúria ocular de Santo Agostinho". Na verdade, o termo usado por Freud em alemão é "Wißbegierde" (Freud, 1909, p. 247), que o dicionário de *Langenscheidt* (2002) traduz como "desejo de saber". O certo é que, em sua *Análise da fobia de um menino de cinco anos* (1909), o criador da psicanálise comenta, a respeito da curiosidade do pequeno João [Hans], que "o apetite pelo conhecimento e a curiosidade sexual parecem ser inseparáveis" (Freud, 1980), embora em seu texto *Três ensaios sobre a teoria da sexualidade*, de 1905, ele também pondere que essa pulsão "não pode ser computada entre os componentes pulsionais elementares, nem exclusivamente subordinada à sexualidade" (Freud, 1995, p. 182).

Aliás, os termos "epistemofilia", "instinto epistemofílico" e "impulso epistemofílico" parecem ter sido acrescentados aos textos em suas versões em inglês, tanto de Freud como de Melanie

Klein (1966, p. 70-71). Apesar do que afirmam os autores do *The new dictionary of Kleinian thought* [Novo dicionário do pensamento kleiniano], observando que Freud "vê a epistemofilia como um instinto parcial da libido" e que, "para Klein, esse 'instinto parcial' de Freud se torna um instinto central em si mesmo" (Spillius *et al.*, 2011, p. 323), o termo que aparece nos respectivos originais de suas obras em alemão é "Wißtrieb", ou seja, "pulsão de saber".

De qualquer modo, no ano em que Freud publica seus três ensaios (1905), o filósofo e psicólogo William James, professor de psicologia da Universidade Harvard, edita o segundo volume de seu livro *The principles of psychology* [Os princípios da psicologia], observando, por um lado, que "até mesmo entre os vertebrados mais elementares vemos que qualquer objeto pode excitar a atenção, desde que seja novo"; e, de outro, que "a atenção pode ser seguida pela abordagem e pela exploração pelas fossas nasais, os lábios e o tato". Além de associar a curiosidade ao medo como "um par de emoções antagônicas", James (1905, p. 429) afirma que "tal suscetibilidade de ser excitado e irritado pela mera novidade, como tal, de qualquer elemento móvel do meio ambiente, deve constituir a base instintiva de toda a curiosidade humana".

O psicólogo estadunidense identifica também o que ele chama de "curiosidade científica", para a qual "os estímulos aqui não são objetos, mas formas de conceber os objetos", agregando que, nesse tipo de curiosidade, "as emoções e ações às quais dão lugar deverão ser classificadas, como muitas outras manifestações estéticas, sensitivas e motoras, como características *incidentais* de nossa vida mental" [itálico no original]. Antecipando-se a duas correntes teóricas que serão formuladas decênios depois — as chamadas teorias da incongruência e da lacuna de informação ["information-gap theory"] —, James acrescenta: "O cérebro filosófico responde a uma incongruência ou a uma lacuna em seu conhecimento, assim como o cérebro musical reage a uma dissonância no que ouve" (p. 430).

◆

Seis anos depois, Frédéric Queyrat lança em Paris seu livro *La curiosité — Étude de psychologie appliquée* [A curiosidade — Estudo de psicologia aplicada], propondo uma definição do que ele considera "uma inclinação do homem que acorda cedo", ou seja, "a *curiosidade*, verdadeiro apetite intelectual, que é, como seu nome indica (*cura*, preocupação, inquietude), uma necessidade de conhecer, um *afã de saber*" [itálicos no original] (Queyrat, 1911, p. 1). Nesse tratado, o professor de filosofia distingue três formas principais de curiosidade:

> A curiosidade vã ou fútil, que se concentra nos fatos, nos artigos delicados, e que, quando domina, é a característica de uma mente frívola ou vazia; a curiosidade maligna ou de baixo nível, feita do desejo de saber o que se deveria ignorar — às vezes se combina com a anterior e, preferencialmente, se ocupa das pessoas; é evidência então de um espírito indiscreto ou mal intencionado; por fim, a curiosidade útil e fecunda, que é a marca de uma mente aberta e ponderada: em seus modos mais elevados, ela tende a conhecer as leis e inclusive a natureza das coisas, aspira à ciência e à verdade absoluta. (p. 19)

Para ilustrar cada uma dessas formas, Queyrat evoca, por um lado, Platão, que definia "a curiosidade vulgar" afirmando: "Ela está toda nos olhos e nos ouvidos; na verdade, alimenta-se do espetáculo das coisas sensíveis ou do relato de acidentes e detalhes da vida humana" (p. 21). O professor de francês, porém, vai ao texto bíblico para lembrar que, graças a uma "curiosidade fatal", "a mulher de Ló quer ver e morre". Também apela à mitologia grega, mencionando que, para Psiquê, a curiosidade de ver o Amor de perto quase lhe custou a vida (p. 49). Finalmente, argumenta, é "a paixão pela verdade que leva o filósofo para além dos limites da ciência positiva e, diante do desconhecido, o faz puxar o véu para ver o que está além" (p. 79).

Queyrat também tenta estudar as anomalias da curiosidade, analisando sua ausência "no idiota", sua instabilidade "no imbecil" e seus excessos ("a ultracuriosidade"), além da "doença da dúvida, ou a tortura do questionamento" (p. 81). Embora os conceitos utilizados pareçam estranhos, o que Queyrat faz é aplicar as três categorias então propostas pelo psiquiatra francês Paul Sollier, considerado "o primeiro neuropsicólogo clínico"(Bogousslavsky e Walusinski, 2011, p. 105). Discípulo de Jean-Martin Charcot, médico de Marcel Proust e autor de pesquisas sobre a memória, Sollier diferenciava "1. a idiotice absoluta, caracterizada pela *completa ausência e impossibilidade de atenção*; 2. a idiotice simples, *caracterizada por fraqueza e dificuldade de atenção*; 3. a imbecilidade, caracterizada *pela instabilidade da atenção*" [itálicos no original] (Queyrat, 1911, p. 82). De acordo com o autor, o que vale para atenção também vale para curiosidade.

Referindo-se sobretudo a Charles Darwin, Queyrat também chama a atenção para os casos de curiosidade animal, com destaque para os macacos que o naturalista britânico havia observado. Nesse sentido, o professor francês antecipa em quase um século o que seu compatriota Stéphane Jacob utiliza em seu livro já citado, ou seja, o recurso à etologia. É essa disciplina moderna, diz Jacob (2002, p. 13), que "ajudou a lançar luz sobre várias convergências comportamentais entre o homem e outros animais". Entre os vários fenômenos observados, Jacob cita, por exemplo, a neofilia de corvos neófitos, estudada pelo biólogo germano-estadunidense Bernd Heinrich, e a neofobia entre duas espécies de pássaros, investigada pelo ornitólogo estadunidense Russell Greenberg.

Quanto à primeira, com base nas experiências de Heinrich, Jacob comenta que a neofilia demonstrada pelos corvos jovens os faz descobrir uma grande variedade de objetos: "Atraídos espontaneamente por tudo que não sabem, aprendem por meio de uma série de experimentos, com sucesso ou não, a identificar os recursos alimentares em seu ambiente". Isso o leva a concluir que "a flexibilidade adaptativa, ou *plasticidade ecológica*, mostrada pelo corvo ou pela pega durante sua juventude, explica por que essas aves se adaptaram a uma diversidade de habitats" (p. 19-20, grifo do autor).

Sobre a neofobia, ou seja, o medo da novidade, Jacob aprende com as pesquisas de Greenberg que, de um lado, "na presença de um objeto novo, as espécies neofóbicas manifestam medo, se agitam, divididas entre a aproximação e a fuga", e que a neofobia, ao reduzir as possibilidades de exploração e descoberta, "conduziria a espécie a confinar-se a um hábitat específico e a limitar-se a um certo tipo de alimentação" (p. 22). O pesquisador francês conclui que "a neofobia constitui um grande obstáculo para a descoberta do meio ambiente por parte do animal", já que "o encerra em uma rotina de comportamento que pode ser prejudicial se o ambiente mudar rapidamente" (p. 30).

Tentando aplicar as descobertas etológicas à espécie humana, Jacob chega à conclusão de que a combinação dessa "tolerância comportamental" com uma "atividade exploratória desenvolvida" é o que lhe permite "melhor utilizar os recursos de novos ambientes colonizados". Sobre isso, "o sucesso da espécie humana, ilustrado por sua distribuição em todos os ambientes do planeta, dos mais frios aos mais quentes, dos mais secos aos mais úmidos" — afirma o pesquisador francês —, "mostra suficientemente as vantagens adaptativas da combinação entre essas duas características". Mesmo considerando o papel positivo da neofobia para que o animal possa aumentar suas possibilidades de sobrevivência, Jacob conclui que a neofilia, até agora definida como "uma simples atração pela novidade", deve ser contemplada como "uma necessidade de descobertas e interações com o ambiente" (p. 31).

◆

George Loewenstein considera pioneiras as investigações do psicólogo britânico-canadense Daniel Berlyne sobre a curiosidade, iniciadas "no início dos anos 1950". Segundo o professor da Carnegie Mellon, Berlyne reconheceu que o conceito "se fragmentou, e propôs uma categorização dos diferentes tipos de curiosidade" (Loewenstein, 1994, p. 77). De fato, o então professor de psicologia da Universidade de Boston publicou seu *Conflict, arousal and curiosity* [Conflito, ativação e curiosidade] em 1960, no qual ele comenta que suas primeiras pesquisas sobre atenção e comportamento exploratório datam de 1947, e que os tópicos abordados no livro "foram indevidamente negligenciados pela psicologia por muitos anos, mas agora estão começando a vir à tona" (p. vii).

Berlyne afirma que seu trabalho é "uma contribuição para a teoria do comportamento", ou seja, "para a psicologia concebida como um ramo da ciência com o objetivo restrito de explicar e prever o comportamento" (pp. vii-viii). No entanto, argumenta, o interesse pela atenção, pelo comportamento exploratório e por "outros assuntos inextricavelmente ligados a eles, como arte, humor e pensamento", de forma alguma se limitou a psicólogos profissionais, observando que visa fornecer "informação suficiente para que o não psicólogo não se perca" (p. viii).

Antes de chegar ao conceito de curiosidade, Berlyne trabalha a ideia de "comportamento exploratório", que ele define como "respostas que alteram o campo de estímulos", observando que respostas exploratórias "podem ajudar um estímulo a ganhar o concurso pela atenção, ao elevar sua intensidade ou enfraquecer ou eliminar seus rivais mais temíveis". Como exemplo, ele cita o caso "da professora que pede à turma que preste atenção ao que ela está dizendo". Mesmo assim, pondera Berlyne, o comportamento exploratório não se limita "ao serviço da atenção seletiva, cujas três formas — atenção no desempenho, atenção no aprendizado e atenção na memória — significam a seleção de elementos que estão realmente presentes no campo de estímulo" (p. 78). Em vez disso, se refere a respostas exploratórias que permitem o acesso a informações que não estavam disponíveis previamente no ambiente, "o que expande muito o escopo da seleção de estímulos".

Berlyne divide o comportamento exploratório em três categorias, dependendo da natureza das respostas. Quando se trata de "mudanças de postura, de orientação dos órgãos dos sentidos ou do estado desses órgãos", ele as chama de *respostas orientadoras*. Se envolvem locomoção, é *exploração locomotora*. E "quando produzem mudanças em objetos externos, por manipulação ou não", são *respostas investigativas* (p. 79). Além disso, ele distingue a exploração que "é direcionada a estímulos que vêm de uma fonte específica, fornecendo informações sobre um objeto ou evento, da exploração que não tem esse direcionamento". A primeira será a *exploração específica*, caso do indivíduo que começa a buscar um objeto perdido ou a solução para um problema intelectual, exemplifica. Se, ao contrário, a pessoa está procurando entretenimento, alívio do tédio ou novas experiências, com "estímulos de qualquer uma das mais variadas fontes", Berlyne chama isso de *exploração diversificada*.

Sempre no campo das categorias, o pesquisador também estabelece a diferença entre respostas exploratórias e *respostas epistêmicas*, "por meio das quais o conhecimento é adquirido" (p. 80). É a partir dessas categorias que Berlyne finalmente chega a propor os conceitos de *curiosidade perceptiva* e *curiosidade epistêmica*. Quanto à primeira, diz respeito a "estados de alta ativação [*arousal*] que podem ser aliviados pela exploração específica" (p. 195). A segunda já será analisada como *intrínseca* — se a busca do conhecimento ocorre independentemente de seu valor prático imediato — ou *extrínseca*, quando "o conhecimento é buscado por alguma recompensa externa" (p. 299, grifos do autor).

Para Jacob, Berlyne é provavelmente o autor que mais se interessou pelo problema da curiosidade, afirmando que devemos a ele "muitas contribuições fundamentais". O psicólogo francês também faz uma análise da "teoria do conflito epistêmico" desenvolvida por Berlyne, comparando-a com a "teoria da informação faltante" [*information-gap theory*] proposta mais recentemente por Loewenstein (1994, p. 126).

Por um lado, interpreta Jacob, o termo *conflito* é aplicado ao "estado induzido tanto nos seres humanos como nos animais por aquele encontro desestabilizador com a novidade", observando que "os comportamentos associados à curiosidade, à exploração e à procura de informação teriam assim uma função homeostática e permitiriam que a vigilância fosse regulada por baixo". Em outras palavras, Jacob acrescenta, tentando simplificar um conjunto de descobertas muito mais complexas descritas por Berlyne: "O simples fato de se aproximar da fonte do conflito, e se familiarizar com ela, permite um apaziguamento progressivo pelo simples efeito do hábito" (p. 127).

Na verdade, mais de 30 anos separam as contribuições de Berlyne (1960) das de Loewenstein (1994), e é verdade que Berlyne não só levou em consideração a teoria da informação formulada em 1949 pelos estadunidenses Claude Shannon e Warren Weaver como também a aplicou à psicologia, associando-a ao conceito de incerteza, que ele explica como "situações em que os eventos têm probabilidades diferentes de 1 ou 0" (1960, p. 25). Acontece que, de acordo com Jacob, se há um fato aparentemente inegável sobre a pessoa curiosa é que o que ela está procurando é "obter a informação que falta", e que essa questão fica "totalmente em segundo plano para Berlyne". É o que Loewenstein apresentou em 1994: "outro modelo de curiosidade epistêmica" (Jacob, 2002, p. 134).

De fato, em seu artigo já mencionado, Loewenstein propõe "uma interpretação integradora da curiosidade" a partir das contribuições anteriores e de uma perspectiva de *information-gap* ["lacuna de informação]. Tentando analisar questões ainda por responder, ele reconhece que uma delas, a causa da curiosidade, é "inerentemente sem resposta". Sinteticamente: para ele, a curiosidade surge quando o ponto de referência informativo de alguém ["o que uma pessoa quer saber"], em uma área específica, "se alça acima de seu nível atual de conhecimento" (1994, p. 87). Consequentemente, afirma, "é um sentimento de privação que resulta de uma consciência do vazio". No entanto, "apesar do reconhecimento generalizado de sua importância para a educação, o progresso científico e outros domínios da atividade humana", pondera Loewenstein, "um século de pesquisa e teoria deixou grandes lacunas em nosso conhecimento sobre a curiosidade". Ele próprio admite que uma teoria completa da curiosidade é uma meta "extremamente ambiciosa" (p. 92).

◆

Tampouco soa razoável pretender aportar uma visão completa — ao mesmo tempo histórica e conceitual — da curiosidade em um único capítulo, mas há pelo menos três outros pesquisadores que não podem deixar de ser citados por suas contribuições à psicologia desse fenômeno: o suíço Jean Piaget, o polonês Wojciech Pisula e o estadunidense Todd Kashdan.

As contribuições do primeiro, inicialmente formuladas em seu livro *A linguagem e o pensamento da criança* (1923a), continuam sendo referências importantes na literatura especializada sobre o tema. Quanto ao segundo, é um autor que oferece uma das análises produzidas no Leste Europeu, a partir de suas experiências de laboratório e docência no campo da psicologia comparada (animal e humana). Já o terceiro, considerado um dos pioneiros da psicologia positiva, a partir de suas pesquisas e experiência clínica, apresenta uma das mais recentes contribuições sobre o que ele considera ser "o motor de nosso ego na evolução" (Kashdan, 2010, p. 6).

Depois de identificar três processos que caracterizam a curiosidade — 1. a observação, "que permite uma identificação sumária do objeto", 2. a manipulação, considerada a via real da curiosidade, já que garante "informações sensoriais extremamente variadas do objeto desconhecido", e 3. o questionamento do real, "combinando ação e análise sensorial" (2002, p. 89) —, Jacob observa que, sobre este último processo, avançou-se "muito pouco desde os estudos de Piaget sobre a linguagem e o pensamento da criança" (p. 96).

Segundo Édouard Claparède, o psicólogo suíço que assina o prefácio do primeiro trabalho de Piaget em psicologia, "até então ainda estávamos intrigados com o pensamento da criança, como diante de um quebra-cabeça que careceria das peças essenciais". Com seu livro, afirma Claparède, "Piaget nos livra do problema, mostrando que esse pensamento infantil não é um único quebra-cabeça, mas pelo menos dois", ou seja, que a mente da criança "é tecida simultaneamente em dois bastidores diferentes, de alguma forma sobrepostos". Um é obra da própria criança, que, sem ordem ou acordo, atrai e cristaliza, em torno de suas necessidades, tudo o que é capaz de satisfazê-la. Trata-se do plano "da subjetividade, dos desejos, dos jogos, dos caprichos, do *Lustprinzip* [princípio do prazer], como diria Freud". Já o plano superior, ao contrário, "é construído aos poucos pelo meio social, cuja pressão se impõe cada vez mais à criança", ou seja, é o plano "da objetividade, da linguagem, dos conceitos lógicos, enfim, da realidade" [itálico no original] (Claparède, 1923, p. 7).

Considerado pela *Britannica* (s/d) "um dos expoentes europeus mais influentes da escola funcionalista de psicologia", o predecessor de Piaget no Instituto Jean Jacques Rousseau em Genebra questiona: "Se o Sr. Piaget penetra tão profundamente na estrutura da inteligência das crianças, não é também porque elas começaram a fazer perguntas funcionais?" Afirmando que a pergunta funcional é aquela que "fertiliza" a pergunta estrutural, e a que coloca, "melhor do que qualquer outra, os termos do problema a ser resolvido", Claparède se pergunta se não é porque Piaget se perguntou primeiro "Por que a criança fala? Quais são as funções da linguagem?" que "ele foi levado a tais observações e resultados tão frutíferos" (p. 9).

De fato, como menciona Claparède em seu prefácio, o próprio Piaget já tinha explicado seu método na revista *Archives de Psychologie* [Arquivos de Psicologia]:

> Acompanhando a criança em cada uma de suas respostas; depois, sempre guiado por ela, fazendo-a falar cada vez mais livremente, por fim obtemos, em cada uma das áreas da inteligência, um procedimento clínico semelhante ao que os psiquiatras adotaram como meio diagnóstico. (Piaget, 1923b, p. 276)

Conhecendo agora com mais detalhes o método psicodramático, é muito curiosa a semelhança entre a abordagem de

Moreno e de Piaget, sobretudo na gênese de seus respectivos trabalhos — e, nessa descrição específica do método usado por Piaget, a clara opção de ser guiado pela criança, como faz Moreno com o(a) protagonista.

O que Piaget fez foi catalogar e classificar "1.125 perguntas espontâneas feitas durante dez meses por Del, um menino de 6 a 7 anos, […] à senhorita Veihl" (Piaget, 1923a, p. 155), considerando que "a única maneira de distinguir o que é ocasional do que é duradouro na curiosidade de uma criança é multiplicar as notas nas condições mais similares possíveis" (p. 156). A partir das perguntas feitas pela criança, Piaget se concentra no estudo dos "porquês", chegando à classificação de três grupos principais: os porquês "de *explicação causal* (incluindo a explicação *final*), de *motivação* e de *justificação*" (grifos do autor). Quanto ao primeiro grupo, o mais notável é "a baixa curiosidade pelos objetos materiais inanimados" (p. 162). No segundo, observa Piaget, as questões implicam "uma ação ou um estado psicológico"; a criança busca "não uma causa material propriamente dita, mas a intenção, o motivo que guiou a ação, às vezes também a causa psicológica" (p. 158). Já no terceiro grupo, os porquês de justificação "testemunham a curiosidade da criança por um conjunto de costumes e normas que lhe são impostos de fora, sem motivo, e para os quais ela gostaria de encontrar justificativa" (p. 175).

Embora seu livro de 1923 seja aquele em que Piaget analisa mais de perto a curiosidade a partir da lógica da criança, na realidade o fenômeno aparece com frequência ao longo de sua obra. A consulta aos 479 textos disponíveis em versão eletrônica (capítulos de livros, artigos e brochuras), por exemplo, permite verificar, em grande parte deles, a presença constante de indícios de sua própria curiosidade, por meio de expressões como "coisa curiosa", "fato muito curioso" ou sua variante adverbial. Além disso, em pelo menos três ocasiões, Piaget faz referências específicas ao tema da curiosidade. É o caso, por um lado, de seu artigo "Le jeu et l'hygiène mentale de l'enfance" [O jogo e a saúde mental da infância], no qual apresenta a classificação proposta pelo psicólogo alemão Karl Groos, considerando "jogos gerais, curiosidade, jogos de imitação, destruição ou construção etc., que testemunham um exercício de inteligência ou experimentação" (Piaget, 1943, p. 164).

Aliás, as pesquisas sobre curiosidade e comportamento exploratório desenvolvidas por Daniel Berlyne levaram Piaget a publicar um artigo na revista *Études d'épistémologie Génétique* [Estudos em epistemologia genética], em que ilustra anedoticamente o problema:

> Em primeiro lugar, é questão de defender Berlyne de uma eventual crítica. Um de seus ouvintes, no simpósio de junho de 1959, com humor e um toque de malícia, contou que a redução de Piaget a [Clark] Hull o fez lembrar de um diálogo entre uma mãe e seu filho, enquanto ele estava na presença de um pequeno gato cinza dizendo calmamente: "Este é um cachorrão marrom. — Não, é um gatinho cinza. — Não, é um cachorrão marrom. — Mas, olha, ele tem bigodes de gato, é pequeno e cinza. — Sim, mas eu corto seus bigodes, dou-lhe pernas compridas, deixo o pelo crescer e pinto-o de marrom: então é um cachorro grande marrom!" (Piaget, 1960, p. 105-106)

O que está por trás dessa simples anedota é, de fato, a "concepção operacional da inteligência" desenvolvida por Piaget. Ele afirma que "o mundo externo não é 'dado' com estruturas totalmente acabadas, e que o objeto, embora exista independentemente do sujeito, nada mais é do que um limite", "para o qual tendem as abordagens do sujeito, que busca interpretá-lo por etapas de objetividade crescente" (p. 107). Além disso, pelo fato de o behaviorista Berlyne reconhecer a importância dos processos internos da aprendizagem, Piaget chama a atenção para "um processo de equilíbrio gradual" relacionado à curiosidade. Reconhecendo que Berlyne está certo em insistir "no papel da motivação", Piaget observa, no entanto, que o que ele [Berlyne] atribui ao psicólogo estadunidense Robert Woodworth como uma tese produzida em 1938 já estava "no centro da doutrina de Claparède do primeiro quarto deste século [20]". Piaget então retoma literalmente a citação do artigo "La psychologie de l'intelligence" [A psicologia da inteligência], publicado por Claparède em 1917 na revista *Scientia*:

> Um organismo só aprende se vivencia uma necessidade, o que se traduz por uma "pergunta"; o estímulo só excita se apresenta um interesse (definido como a relação entre o estímulo e as necessidades do sujeito), e a resposta ao estímulo só satisfaz se se trata de uma "resposta" à própria pergunta. (p. 117)

Fica claro que Piaget não só aceita a visão de Claparède, mas também acrescenta a observação de que "os dois aspectos cognitivos e afetivos das reações não podem ser separados em nenhum nível", insistindo que tanto "o desequilíbrio vinculado às necessidades ou às perguntas" como "os reequilíbrios vinculados à satisfação ou às respostas, sempre atestam as modificações na estruturação dos sistemas cognitivos, bem como nas modificações motivacionais" (p. 117).

O mais notável das contribuições de Piaget, no entanto, não está na novidade de seu "método clínico" — como ele o chamou — nem nos resultados de sua pesquisa no âmbito de uma psicologia experimental, mas em seu envolvimento constante nas ciências da educação. Além de ser, durante a década de 1920, o diretor do Instituto Jean-Jacques Rousseau — cujo lema era

Discat a puero magister [Aprenda da criança o professor], que funcionava ao mesmo tempo como escola e centro de pesquisa —, Piaget publicou vários trabalhos que ligam a psicologia à pedagogia. No artigo "Les méthodes nouvelles — Leurs bases psychologiques" [Os novos métodos — Suas bases psicológicas], de 1939, por exemplo, ele traça uma perspectiva histórica da gênese desses métodos, mostrando a influência das ideias psicológicas sobre "o uso dos trabalhos manuais e a pesquisa prática como complementos indispensáveis ao ensino teórico" (p. 216). Para ilustrar esse processo de transição para a chamada "escola ativa", Piaget relata que

> a passagem ocorreu principalmente com [Georg] Kerschensteiner, quando em 1895, como jovem professor de ciências, ele se dedicou à reflexão pedagógica para reorganizar as escolas de Munique. Utilizando o corpo de obras da psicologia alemã e especialmente da psicologia infantil (ele mesmo publicou, em 1906, os resultados de um extenso estudo sobre o desenho, que ele havia realizado pessoalmente junto a milhares de crianças em idade escolar na Baviera), chegou a sua ideia central: a escola tem como objetivo desenvolver a espontaneidade do aluno. (p. 217)

Embora as informações de Piaget sobre o trabalho desse teórico e reformador da educação na Alemanha (Georg Kerschensteiner, s/d) sejam importantes por sua coincidência com uma das ideias principais de Moreno, em nenhuma das obras consultadas pelo psiquiatra há referência ao pesquisador alemão. Anos depois, aliás, abrindo a coleção "Direitos do Homem" da Unesco, Piaget publica *Le Droit à l'éducation dans le monde actuel* [O direito à educação no mundo atual], livro em que insiste no argumento de que "conquistar-se um determinado conhecimento por meio da pesquisa livre e graças a um esforço espontâneo o levará a retê-lo mais", acrescentando que, "acima de tudo, isso permitirá ao aluno adquirir um método que lhe servirá ao longo de sua vida, e que expandirá sua curiosidade incessantemente, sem o risco de esgotá-la" (Piaget, 1949, p. 32-33).

Em outro artigo sobre educação artística e psicologia infantil, Piaget (1954, p. 23) identifica novamente "o fenômeno geral que infelizmente caracteriza tantos sistemas tradicionais de ensino ou educação", observando:

> Do ponto de vista intelectual, a escola impõe com frequência extrema conhecimentos acabados em vez de fomentar pesquisas, mas isso pouco se nota porque, quando o aluno simplesmente repete o que lhe foi ensinado, parece demonstrar um rendimento positivo, sem que se suspeite do que foi sufocado, como as atividades espontâneas ou as curiosidades fecundas.

Além disso, ao realizar detidamente "um exame dos novos métodos", tanto os "fundados sobre os mecanismos individuais do pensamento" como os "fundados sobre a vida social da criança", Piaget destaca a importância dos trabalhos em grupo, ponderando também que não se trata apenas de haver cooperação "entre os indivíduos", mas "entre as equipes", e que "esse intercâmbio contínuo na diferenciação é um fermento permanente da curiosidade e do esforço, ao mesmo tempo que um fator de conhecimentos gerais" (Piaget, 1939, p. 11).

◆

Ao traçar uma breve perspectiva histórica da "atitude para com os animais e sua psicologia", Wojciech Pisula identifica a tendência de abordá-la entre dois extremos. Em seu livro *Curiosity and information seeking in animal and human behavior* [Curiosidade e busca de informação no comportamento animal e humano], o professor de psicologia comparada da Academia de Ciências da Polônia considera que, enquanto Aristóteles interpretou positivamente "a estrutura do mundo natural em termos da busca da perfeição", Platão enfatizou bastante "o abismo entre o mundo humano e o animal".

Observando tendências opostas se arrastarem por séculos, Pisula cita, por um lado, o exemplo de São Francisco de Assis "e seu amor pelos animais" e, por outro, a posição de René Descartes, segundo a qual "a alma presente no ser humano está ausente nos animais". Para Pisula, a influência da filosofia de Descartes — ver os animais como máquinas, sem alma e "não sem experimentar as sensações psicológicas mais básicas, incluindo a dor" — é que explica, no século 18, junto com o fascínio pelas máquinas e por seus mecanismos internos, práticas como vivissecções ao vivo, "realizadas para demonstrar o funcionamento de 'mecanismos' animais" (Pisula, 2009, p. 8).

Pisula considera que a mudança do *status quo* se deve ao naturalista inglês Charles Darwin e à sua teoria da evolução, "cujo impacto foi revolucionário", pois mostrou que não havia um "abismo separando os reinos animal e humano, mas sim uma distância escalável maior ou menor, dependendo da espécie". Com isso, argumenta, se antes "uma análise comparativa do desenvolvimento filogenético do coração ou do esqueleto" podia ser feita entre os dois reinos, a partir de então "foi igualmente razoável comparar o comportamento e, consequentemente, a psicologia". Além disso, relata Pisula, Darwin foi o autor da "primeira monografia moderna em psicologia comparada (então conhecida como zoopsicologia)" (p. 8).

De fato, em 1872, *The expression of the emotions in man and animals* [A expressão das emoções no homem e nos animais] foi publicado em Londres, e nele Darwin expõe o que considera "os princípios gerais" e os meios de expressão em várias espécies. No livro, o naturalista descreve expressões que variam de "dor intensa, fúria, alegria, terror" a manifestações de surpresa e grande alegria em diferentes espécies, incluindo "estados mentais emocionantes e deprimentes" em seres humanos (Darwin, 1872, p. 66-82). Embora ele frequentemente use expressões que refletem sua própria curiosidade ("evidência curiosa", "um fato curioso"), Darwin não chega a analisar especificamente a curiosidade como fenômeno.

Já Pisula (2009) chama a atenção para o fato de que a relação entre exploração, brincadeira e comportamento é citada por vários etólogos como inteligente, observando que "curiosidade, brincadeira e inteligência, juntas, formam uma tríade indissociável na evolução dos vertebrados" (p. 13).

Embora reconhecendo ser difícil categorizar exploração e jogo, o pesquisador polonês considera que se trata de "dois processos cognitivos e atividades sociais semelhantes, mas diferentes", de importância fundamental do ponto de vista evolutivo. Pisula identifica, por um lado, "a multiplicidade de comportamentos locomotores", a ativação de ambos "causada por uma grande variedade de estímulos", o início "em resposta a uma falta de estímulos (tédio)" e a facilidade com que ambos são interrompidos por estímulos externos. Segundo ele, estudos de 2006 confirmam a observação feita em 1945 por Gustav Bally, psiquiatra suíço, de que "a exploração e o brincar surgem em um 'campo sem tensão'" (p. 57-59).

Por outro lado, Pisula retoma a definição proposta em 2001 por Marek Spinka, Ruth Newberry e Marc Bekoff, pesquisadores que veem o jogo como "um treinamento para um evento social ou físico inesperado". Já o comportamento exploratório é relacionado com "a coleta de informações sobre o ambiente", cuja utilidade pode aparecer mais tarde, "quando, por exemplo, o animal enfrenta novas circunstâncias, tais como a aparição de um predador no território previamente explorado".

Pisula comenta que é um conceito inicialmente apresentado por Konrad Lorenz — zoólogo e etólogo austríaco, ganhador do Nobel de fisiologia/medicina — em 1982 e confirmado experimentalmente pelo psicólogo estadunidense Michael Renner em 1988. Ao comparar o comportamento de camundongos previamente familiarizados num ambiente de laboratório com outros aí entrando pela primeira vez, Renner observou que, com a introdução de um boneco predador no ambiente, o primeiro grupo "fugiu rapidamente para os esconderijos disponíveis", enquanto os novatos "ficaram congelados". Para Pisula, aparentemente o elemento comum tanto no jogo quanto no comportamento exploratório é "o mecanismo de redução da incerteza", cujo papel central "na regulação do comportamento" foi apresentado de forma "convincente" pelo pesquisador britânico Ian Inglis em 2000.

Além de relatar experimentos feitos por ele mesmo e outros colegas que demonstram "uma correlação positiva entre a frequência de brincadeiras em ratos jovens e a intensidade da exploração em animais maduros", Pisula afirma que "a relação entre exploração, jogo e desenvolvimento cognitivo parece bastante óbvia". Segundo ele, "animais psicologicamente sofisticados são curiosos sobre seu mundo ao longo da vida e tendem a brincar muito, mesmo na idade adulta" (p. 60).

Por fim, vale destacar a análise crítica que o psicólogo polonês faz a um ponto fundamental nas pesquisas sobre curiosidade. Pisula questiona a lógica da neofobia e da neofilia como "extremos opostos da mesma dimensão/processo". Partindo da observação do precursor estadunidense Herbert Jennings sobre as "duas formas básicas de responder aos estímulos externos: a positiva, que implica reaproximação, e a negativa, retirada", Pisula afirma que o aspecto ameaçador da novidade (neofobia) "foi enfatizado sobretudo pelo zoólogo britânico Samuel Barnett, enquanto Berlyne deu ênfase à busca da novidade". Segundo ele, com base em seus próprios experimentos em laboratório, "se o nível de estresse for controlado e a tensão emocional do animal mantida baixa, sua reação à novidade é sempre positiva".

Nesse sentido, diz Pisula, citando os experimentos de dois psicólogos estadunidenses, já está comprovado que "a vivência do estresse emocional (Rosellini e Widman, 1989) inibe a busca da novidade" (p. 70-71). Para ele, o que gera estresse "não resulta da própria novidade, mas de suas outras propriedades, por exemplo, a intensidade do estímulo" (p. 75). E conclui comentando haver boas razões para afirmar que "os sintomas de aversão a novos estímulos são o resultado da experiência individual e refletem a adaptação de uma determinada espécie à pressão predatória" (p. 76). Ou seja, o que contribui para inibir a curiosidade é uma experiência anterior que pode gerar uma possível aversão à novidade. Este último termo, aliás, é um elemento-chave na definição de Moreno do conceito de espontaneidade.

◆

O mais surpreendente no livro *Curious? Discover the missing ingredient of a fulfilling life* [Curioso? Descubra o ingrediente que falta para uma vida plena], de Todd Kashdan, não é tanto seu conteúdo, mas a capacidade do psicólogo estadunidense de traduzir para o público geral as descobertas mais recentes da psicologia clínica, psicologia positiva, psicologia social e as chamadas neurociências, incluindo afetivas e cognitivas. Com base em uma profusão de artigos, relatórios, livros, documentários, programas de televisão e outros materiais, Kashdan expõe nele um conjunto de argumentos que vão contra o que "a grande maioria de nós" pensa (2010, p. 1).

O professor da George Mason University começa se referindo a uma pesquisa feita com "mais de 10 mil pessoas de 48 países", publicada pela revista *Perspectives on Psychological Science*. Segundo elas, "a felicidade era vista como algo mais importante do que sucesso, inteligência, conhecimento, maturidade, sabedoria, relacionamentos, riqueza e sentido na vida". Embora reconhecendo a importância desse sentimento "para criar uma vida plena", Kashdan pondera que, ao focar nele, "perdemos a complexidade de ser humano". Seu argumento é o de que, quando se reconhece que, para uma vida plena, há algo mais do que "ser feliz", a questão em torno da qual gira seu livro é: "Qual é o ingrediente central para criar uma vida plena? A resposta é a curiosidade" (p. 2). E continua:

> A curiosidade está programada no cérebro, e sua função específica é nos estimular a explorar, descobrir e crescer. É o motor de nossa evolução. Sem curiosidade, somos incapazes de manter nossa atenção, evitamos riscos, abortamos tarefas desafiadoras, prejudicamos nosso desenvolvimento intelectual, deixamos de alcançar competências e pontos fortes, limitamos nossa capacidade de estabelecer relacionamentos com outras pessoas e, essencialmente, estagnamos. (p. 6)

O psicólogo expõe o que a ciência do cérebro traz sobre "a origem de nossa curiosidade", a partir do "elemento químico mais discutido e incompreendido no cérebro, que está relacionado à felicidade — a dopamina", definida como "um neurotransmissor que transporta informações de uma terminação nervosa para outra no cérebro, preparando nosso corpo para a ação" (p. 49). Depois de explicar que o "centro de prazer" do cérebro é "o núcleo *accumbens*, que faz parte do estrato ventral, que tem raízes evolutivas primitivas na parte reptiliana primitiva de nosso cérebro", Kashdan comenta que a tecnologia moderna já permite aos pesquisadores mapear regiões cerebrais ativas "enquanto as pessoas estão pensando, tomando decisões e planejando condutas". A partir daí, escaneamentos cerebrais feitos em voluntários — consumindo "comidas e bebidas saborosas", assistindo a vídeos eróticos ou videogames "com a oportunidade de ganhar dinheiro e prêmios" — registram que "o estrato e a dopamina são estimulados". Em outras palavras, "quando nos sentimos bem, nosso sistema neural é inundado por dopamina". Concluindo: há um consenso de que a dopamina prepara o corpo "para aproveitar as recompensas e, por sua vez, sentir prazer, sorrir e ser feliz" (p. 50). Caso encerrado?

Ainda não, responde Kashdan, observando que, "estudo após estudo", os cientistas descobriram que "o estrato era um inferno de atividade quando as pessoas não sabiam o que ia acontecer ou se esperavam algo gratificante", isto é, "antes que as pessoas explorem, na esperança de ser recompensadas, o estrato se ilumina" (p. 52). Para ele, esta é uma notícia importante: "Quando reconhecemos algo como novo, incerto e desafiador, e ultrapassamos os limites do que sabemos, a dopamina é produzida em maior velocidade" (p. 53).

No entanto, afirma Kashdan, "não está claro se os circuitos de dopamina por si só explicam o aprendizado e o crescimento que ocorre depois de experimentar e abraçar o novo". Segundo o psicólogo, parece que "eles precisam de alguma ajuda do hipocampo" (p. 55), ou seja, a parte do lobo temporal do cérebro que ele apresenta como "o principal local para a transferência de novas informações e experiências na memória de longo prazo" (p. 56), consideradas cruciais para a criação de novas memórias.

Além disso, afirma esse precursor da psicologia positiva — referindo-se a dados publicados nas revistas *Neuron* e *Neuroimage* —, "trabalhos recentes mostram que o hipocampo é essencial para imaginar cenários detalhados do que pode nos acontecer no futuro", ou seja, uma espécie de espaço psicodramático mental. Sempre de acordo com Kashdan, "sementes de criatividade e imaginação são plantadas nessa pequena região do cérebro" (p. 56).

♦

Questionado pelo educador brasileiro Carlos Torres sobre "a herança de Paulo Freire para nós, educadores latino-americanos e de outras partes do mundo", pouco antes de deixar o posto de secretário de educação do município de São Paulo, em maio de 1991, Freire (1991, p. 139-140) respondeu:

> Penso que quando não estiver mais neste mundo poderão dizer: Paulo Freire foi um homem que amou. Ele não conseguia compreender a vida e a existência humana sem amor e sem a busca do conhecimento. Paulo Freire viveu, amou e tentou saber. Por isso mesmo, foi um ser constantemente curioso.

É com essa referência que a pedagoga brasileira Ana Lúcia Souza de Freitas introduz o verbete da expressão "curiosidade epistemológica" no *Dicionário Paulo Freire*, que reúne 243 verbetes com os temas considerados importantes na obra dele. Segundo Freitas, a curiosidade é "um tema recorrente" nos trabalhos do educador "desde os seus primeiros escritos", entendendo que ele a define como uma "necessidade ontológica que caracteriza o processo de criação e recriação da existência humana" (Freitas, 2010, p. 107). Na verdade, quem consulta suas primeiras obras, produzidas a partir de 1959, pode se decepcionar.

Embora o termo eventualmente apareça, teremos de esperar até 1968, quando Paulo, então exilado no Chile, publica sua *Ação cultural para a liberdade*. É nesse texto que Freire (1968, p. 48) observa:

> Quem estuda não deve perder nenhuma oportunidade, em suas relações com os outros e com a realidade, de assumir uma postura curiosa de quem pergunta, de quem indaga, de quem busca. O exercício dessa postura curiosa, própria do homem, acaba por metodizá-la, e disso resulta um aproveitamento melhor da própria curiosidade.

Já nos chamados livros dialógicos, a curiosidade foi ao mesmo tempo o motor que impulsionou a criação de toda a série e uma das questões discutidas diretamente por Freire comigo. A partir dos dois primeiros diálogos de *Partir da infância* (2022), por exemplo, Paulo apresentou um pequeno texto escrito por ele no intervalo entre os dois encontros, o qual leu no início do terceiro capítulo: "A disciplina intelectual do aluno, que é essencial para a sua capacidade científica, ganha um sentido real quando se constitui nessa curiosa relação entre ele, educando, como sujeito que conhece e objeto a ser conhecido". Em outras palavras, reforça, é "nessa relação de curiosidade que se desenvolve a verdadeira disciplina intelectual". Embora não a tenha formulado nesses termos, o que está por trás dessa concepção é a ideia de disciplina, entendida não mais como um processo imposto de fora ao sujeito, mas como sistematização de sua própria curiosidade, na relação com o objeto a ser conhecido e com o educador.

Além disso, Paulo acrescenta, chamando a atenção para outro aspecto fundamental a ser levado em conta tanto na prática quanto na teoria do processo educativo:

> É preciso também deixar claro, porém, que esta busca, esta curiosidade permanente não deve ser estimulada apenas a nível individual,

mas a nível de grupo. O que vale dizer: o convite à assunção da curiosidade na busca da leitura do real, do concreto, deve ser um convite não apenas ao menininho A, ao menininho B, mas também ao grupo de estudantes, de crianças. E que, inclusive, aprendam também a crescer na curiosidade entre eles, e não apenas a desenvolver cada um a sua curiosidade. No fundo, o conhecimento é social também, e não só individual, apesar da dimensão individual que há nessa curiosidade. (Freire e Guimarães, 2022, p. 72)

Mais adiante, nesse mesmo livro, Paulo volta ao papel da curiosidade, afirmando:

Esse não estar conformado com o que se tem e com o que se sabe; esse sair de dentro da gente mesmo, aquela busca impacientemente paciente, portanto metódica, bem-comportada mas não acomodada; essa posição de quem vai realmente tirando o véu das coisas é absolutamente indispensável ao sujeito que conhece e ao sujeito que quer conhecer, ou que já conhece o que já se conhece e quer criar o que ainda não se conhece. (p. 103)

Pouco depois, num livro dialógico em espanhol, feito com o educador chileno Antonio Faundez, *Por uma pedagogia da pergunta* (2013), Paulo retoma o assunto com uma crítica ao "professor autoritário" que, ao limitar "a curiosidade e a expressividade do aluno", "também limita a sua" (p. 67), insistindo "na necessidade de estimular permanentemente a curiosidade, o ato de pedir, em vez de reprimi-la" (p. 75), acrescentando que denomina esse "fenômeno de 'castração da curiosidade'" (p. 69). É só na década de 1990, entretanto, que Paulo começa a usar o conceito de "curiosidade epistemológica". Em *Cartas a Cristina* (1994), por exemplo, depois de afirmar que "minha curiosidade epistemológica esteve constantemente a postos" (p. 131), ele observa:

Por outro lado, "programados para aprender", portanto para ensinar e, em consequência, para conhecer, mulheres e homens se autenticarão tanto mais quanto desenvolvam a *curiosidade* que venho chamando *epistemológica*. *É enquanto epistemologicamente curiosos* que conhecemos, no sentido de que *produzimos* o conhecimento e não apenas *mecanicamente* o *armazenamos* na memória. (p. 18, grifos do autor).

◆

Na maioria absoluta das obras consultadas sobre psicodrama, a quase total ausência do termo "curiosidade" ilustra bem a importância mínima atribuída a esse fenômeno. Uma das exceções notáveis é o livro editado pela psicodramatista estadunidense Marcia Karp e pelos psicoterapeutas britânicos Paul Holmes e Kate Tauvon, *The handbook of psychodrama* [O manual do psicodrama]. No capítulo sobre "o diretor, cognição em ação", Karp comenta que "durante anos refleti sobre a questão 'o que faz um bom diretor?', e que, em 1996, um grupo formado por Zerka Moreno, Marcia Karp, Poppy Sprague e Debora Smith elaborou uma "lista de qualidades para um bom diretor". Paciência e curiosidade aparecem no ponto 12, depois de coragem, energia emocional, ausência de medo, abordagem sem tabus e imaginação, entre outros (Karp, Holmes e Tauvon, 1998, p. 155).

Nesse mesmo texto, Marcia reproduz uma discussão sua com a psicodramatista francesa Anne Schützenberger, que também havia estudado diretamente com Moreno. Durante o diálogo, a própria Marcia observa que "uma das coisas que fazem um bom diretor é o envolvimento, a curiosidade, uma espécie de olfato de onde está a energia, de onde vem a energia" (p. 161).

Outra exceção digna de nota é o artigo da psicóloga clínica e psicodramatista turca Arşaluys Kayir "Trainee's anxiety to direct — Supervision as a journey from anxiety to curiosity" [A ansiedade do aprendiz ao dirigir — A supervisão como jornada da ansiedade à curiosidade]. A professora da Universidade de Istambul conta que, na década de 1980, quando o treinamento em psicodrama começou na Turquia, "praticamente não havia outros métodos de treinamento em psicoterapia", por isso "o psicodrama chamou atenção". No entanto, diz ela, o fato de o treinamento ter sido feito em grupos criou dificuldades. Nos grupos avançados, os alunos tinham de falar na frente de seus treinadores e supervisores: "A ansiedade e o medo de atuar foram mencionados informalmente, mas não expressos no grupo de treinamento". Em consequência disso, "quase metade dos alunos do instituto de psicodrama interrompeu sua formação".

Com base em sua experiência como treinadora e supervisora, Kayir (2013, p. 151) propõe técnicas que podem ajudar a superar o problema e "transformar os sentimentos dominantes de ansiedade em autoconfiança e curiosidade no supervisionado". Reconhecendo que, a partir de Moreno, "vários autores têm ressaltado a importância de desenvolver a espontaneidade, estimular a criatividade e o uso do humor", ela relata que investigou com 24 alunos já formados em psicodrama e supervisão a "ansiedade em se tornar líderes". De acordo com vários deles, diz Kayir, o que causa mais ansiedade é "liderar na frente de seu próprio grupo de treinamento e ser supervisionado ao mesmo tempo, ao invés de, a partir da prática privada, levar um caso para o grupo de supervisão e trabalhar com isso" (p. 153).

Afirmando que, quando os alunos assumem o papel de diretores no grupo de formação, "os sentimentos de ansiedade e curiosidade costumam estar presentes ao mesmo tempo", a psicóloga de Istambul insiste, por um lado, na importância do aquecimento, "essencial para reduzir a ansiedade" (p. 154) e, por outro, no trabalho primeiro em pequenos grupos. Em seguida, vêm os comentários no grupo maior, acrescenta, comentando que "os diretores estão muito curiosos para ouvir os sentimentos do protagonista" (p. 155). Além de enfatizar que os comentários de quem supervisiona são "construtivos e sinceros", Kayir considera que "o ponto crítico é dar informações suficientes para que eles possam fazer melhor, pois têm certas habilidades", acrescentando: "Não fico com raiva durante a supervisão, mas faço comentários irônicos se uma orientação problemática é repetida" (p. 157).

Para Kayir, o psicodrama "é cheio de surpresas e experiências de pico; portanto, por si só é um 'método curioso'", e, por outro lado, "há possibilidades mais imprevisíveis do que aquelas que podem ser planejadas com antecedência". Reconhecendo que não é fácil para o supervisionado "sentir-se autoconfiante com tantos aspectos desconhecidos no papel de condutor", a professora acredita que "uma boa dose de ansiedade em um grupo transforma atenção em curiosidade".

Voltando às definições de supervisão formuladas pelos psicodramatistas estadunidenses Renee Emunah e Adam Blatner — "apoiar, ensinar, compartilhar, orientar e colocar a experiência para funcionar" —, Arşaluys Kayir conclui que é melhor "nos reunirmos com mais frequência para que haja mais prática de direção, e dar mais tempo para compartilhamentos", argumentando que "a ansiedade é reduzida e o aprendizado torna-se melhor quando as dificuldades comuns são compartilhadas".

Embora Kayir contribua com mais elementos para a redução da ansiedade do que para o exercício da curiosidade, é verdade que seu artigo aponta para uma direção favorável ao seu desenvolvimento. Porém, o fato de, entre os 25 autores citados em seu artigo, Moreno aparecer apenas uma vez, com seu clássico *Psychodrama — First volume*, é um fator limitante para a compreensão da ansiedade. Esse fenômeno é abordado por ele em vários de seus escritos, incluindo sua obra-prima *Who shall survive?*, na qual a ansiedade surge como resultado da "'perda' da espontaneidade"' (1953, p. 42) e é discutida em detalhe no tópico "Espontaneidade, ansiedade e momento" (p. 336-337).

Quanto à curiosidade, seu estudo como terceiro fator associado à espontaneidade e à criatividade merece um estudo separado. Depois de definir "criatividade" como "a capacidade de fazer ou trazer à existência algo novo, seja uma nova solução para um problema, um novo método ou dispositivo, seja um novo objeto ou forma de arte", a *Britannica*, por exemplo, descreve as qualidades individuais das pessoas criativas. Entre elas, a enciclopédia menciona autonomia ("indivíduos criativos tendem a ser independentes e inconformistas em seus pensamentos e ações") e introversão ("pessoas criativas tendem a ser mais reflexivas e voltadas ao seu interior"). A essas duas primeiras se segue "uma terceira característica fundamental", que "combina a curiosidade e a busca de problemas", ou seja: "Os indivíduos criativos parecem ter necessidade de buscar a novidade e a capacidade de fazer perguntas únicas" ("Creativity", s/d).

Basta voltar à definição dada por Moreno sobre a espontaneidade em sua obra-prima — "o grau variável de resposta apropriado a uma situação de grau variável de novidade" (1953, p. 722) — para se perceber uma estreita relação conceitual entre os fenômenos curiosidade e espontaneidade, estabelecida justamente pelo conceito de "novidade". Apesar da definição um tanto diferente que Moreno oferece no volume I de *Psicodrama* — "A resposta de um indivíduo a uma nova situação, e a nova resposta a uma velha situação, chamamos de *espontaneidade*", acrescentando que "essa resposta pode ser *mais ou menos* adequada" (Moreno, 1993, p. 101, grifos do autor) —, o conceito de "novidade" permanece, o que confirma a ligação direta entre os processos de curiosidade e espontaneidade.

Ainda no plano conceitual, a dimensão psicológica do termo "novidade" é bem esclarecida por Jacob, quando ele observa que "a novidade não existe em si mesma; depende diretamente do estado de conhecimento de quem a percebe" (Jacob, 2002, p. 34). Quanto às dificuldades para a sua definição, Berlyne (1960, p. 18), por sua vez, observa que "a novidade parece ser o conceito mais simples e menos técnico dos quatro" — sendo os outros três incerteza, conflito e complexidade —, mas "quando nos perguntamos o que exatamente significa dizer que um padrão de estímulo é novo e, por mais que seja, deparamos com toda sorte de armadilhas e dilemas".

Seja como for, na prática, parece ser longo o espectro de situações em que a curiosidade desempenha papel indispensável para o método psicodramático. Antes mesmo do início desse processo, é evidente a influência que esse terceiro fator pode ter na exploração física do espaço e na observação de um conjunto de elementos que vão compor o encontro. Na fase de aquecimento, uma vez definida(o) a(o) protagonista, a curiosidade de quem dirige ao entrevistá-la(o) é fundamental para que o aquecimento específico leve à montagem da cena e à própria dramatização. Nessa segunda etapa, mais uma vez, os níveis de curiosidade dos participantes é que poderão determinar o andamento do processo, principalmente no que se refere às perguntas que a(o) diretor(a) fará, e que a(o) orientarão a propor o que virá a seguir. O mesmo pode ser dito quanto à etapa de processamento, quando as perguntas dos alunos mais curiosos, por exemplo, costumam trazer maiores esclarecimentos por parte de treinadores e participantes.

Por se tratar de um processo que envolve tanto componentes de aprendizagem como de terapia, também parece claro que será em função dos níveis de curiosidade presentes no *aqui e agora* que os participantes vão avançar na compreensão, tanto em extensão quanto em profundidade, do que sentem, pensam e de como agem, seja qual for o papel que ocupem durante o evento (diretor(a), protagonista, ego auxiliar ou apenas integrante do público). Não menos importante é a regulação de tais níveis, uma vez que há determinados momentos em que o exercício cognitivo da curiosidade precisa ser reduzido ao mínimo para que as emoções possam ser vivenciadas sem grandes interrupções. Um exemplo típico é a etapa de compartilhamento, na qual se tenta intercambiar experiências sentidas e vividas, sem análises ou questões de cunho intelectual, mais apropriadas como processamento.

Finalmente, a dinâmica do fenômeno pode ser entendida de perto conforme descrito por Todd Kashdan (2010, p. 21):

> A curiosidade tenta reconhecer e colher as recompensas por abraçar o incerto, o desconhecido e o novo. Existe uma linha narrativa simples de como a curiosidade é o motor do crescimento.
>
> Sendo curiosos, exploramos. À medida que exploramos, descobrimos. Quando isso é satisfatório, é mais provável que o repitamos. Ao repetir, desenvolvemos competência e domínio. Com o desenvolvimento de competência e domínio, nosso conhecimento e habilidade aumentam. À medida que nosso conhecimento e habilidade aumentam, expandimos e ampliamos quem somos e o que é nossa vida. Ao lidar com a novidade, tornamo-nos mais experientes e inteligentes, e infundimos significado à vida.

Aliás, o próprio Kashdan vai buscar em Albert Einstein — um dos autores mais mencionados em citações sobre a curiosidade — o exemplo mais adequado para esse fenômeno tirado da experiência pessoal do físico: "Ao procurar uma agulha em um palheiro, outras pessoas param quando encontram a agulha. Eu procuro ver que outras agulhas podem estar no palheiro" (p. 14). Kashdan não menciona, mas há pelo menos mais uma citação feita por Einstein que pode soar pertinente também quando relacionada a Moreno: "Não tenho nenhum talento especial; sou apenas apaixonadamente curioso" (Calaprice, 2011, p. 20).

Em suma, aí vai uma poética definição de curiosidade, sugerida pelo então J. Levy no primeiro poema homônimo de seu livreto *Einladung zu einer Begegnung* [Convite para um encontro], obra sua de estreia, publicada em 1914: "Uma resposta produz cem perguntas" (Levy, 2014, p. 7).

◆

Em 1953, ao produzir a segunda edição de sua obra-prima, *Who shall survive?*, Moreno não apenas amplia substancialmente o texto de 1934, mas também altera o subtítulo anterior — *A new approach to the problem of human interrelations* [Uma nova abordagem para o problema das inter-relações humanas] —, mudando-o para *Foundations of sociometry, group psychotherapy and sociodrama* [Fundamentos da sociometria, da psicoterapia de grupo e do sociodrama]. As mudanças são tão significativas que o livro salta das 440 páginas de 1934 para 764 em 1953.

Uma terceira edição, com texto mais reduzido, que Moreno passou a chamar de "edição do estudante", começou a ser organizada em 1973, ainda com sua participação. No entanto, conta Ann Hale, então diretora residente do Instituto Moreno, "em fevereiro de 1974 Moreno adoeceu e não teve mais condições de dar continuidade ao projeto". Em 1978, acabou saindo uma terceira edição, ainda completa, e somente 15 anos depois se publica a do estudante nos Estados Unidos. No Brasil, esse texto, traduzido para o português pelo saudoso Moysés Aguiar, é publicado em 2008 pelo Daimon — Centro de Estudos do Relacionamento (ver "Nota da organizadora", p. 21).

— *Tudo muito curioso, mas, afinal, qual é o ponto?*

Entre as alterações introduzidas a partir da segunda edição, Moreno reestrutura as partes da obra dividindo-a em seis livros. É no primeiro, "O sistema sociométrico", que ele desenvolve sua "doutrina da espontaneidade-criatividade", ressaltando esses dois "conceitos universais" como "as pedras angulares do sistema conceitual da sociometria" (2008, p. 51). Moreno faz questão de afirmar: "Espontaneidade e criatividade não são processo idênticos ou similares. São categorias diferentes, embora estrategicamente vinculadas". E mais: no caso do ser humano, observa, utilizando já os dois conceitos como fatores,

> sua "e" pode ser diametralmente oposta a sua "c", ou seja, uma pessoa pode ter um alto grau de espontaneidade e ser totalmente não criativa — um idiota espontâneo. Outra pessoa pode ter um alto grau de criatividade sendo, porém, inteiramente não espontânea — um criador "sem braços". Deus é um caso excepcional, porque em Deus toda espontaneidade tornou-se criatividade. Ele é o único caso em que espontaneidade e criatividade são idênticas. (p. 51)

Mais adiante, Moreno chega "a recomendar *o abandono ou a reformulação de todas as teorias psicológicas e sociológicas em voga, aberta ou tacitamente baseadas na doutrina psicanalítica*", mencionando explicitamente "*as teorias da frustração, da projeção, da substituição e da sublimação*". Para ele, "*essas teorias precisam ser reescritas e novamente testadas, com base no pressuposto da criatividade-espontaneidade*" (Moreno, 2008, p. 58, grifos do autor).

Moreno sustenta ainda que, "na teoria da espontaneidade, não se descarta a energia como um sistema organizado de forças psicológicas", e que "ela reaparece sob a forma da conserva cultural". Só que, "em vez de estar no nascedouro, isto é, no início de cada processo, tal como a libido, situa-se no fim do processo, como produto final", argumenta Moreno, acrescentando: "É na interação entre espontaneidade-criatividade e a conserva cultural que se pode harmonizar, de alguma maneira, a existência do fator 'e' com a ideia de um universo constituído por leis permanentes, como, por exemplo, a lei da conservação da energia" (p. 58).

Aí é que entra, pela primeira vez, o diagrama que Moreno vai chamar de "cânon da criatividade", com o subtítulo "Espontaneidade – Criatividade – Conserva" (p. 60). Segundo ele, esse cânon tem quatro "fases": criatividade, espontaneidade, aquecimento e conserva (p. 58). Explicando melhor, diz Moreno:

> A espontaneidade é o catalisador. A criatividade é o X elementar, que não tem nenhuma conotação especializada, o X que deve ser reconhecido por seus atos. Para se tornar efetivo, necessita (como a bela adormecida) de um catalisador — a espontaneidade. A manifestação operacional da interação espontaneidade-criatividade é o processo de aquecimento. Até onde se sabe, os únicos produtos dessa interação são as conservas. (p. 59)

CÂNON DA CRIATIVIDADE
Espontaneidade – Criatividade – Conserva

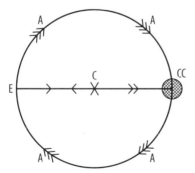

E = espontaneidade
C = criatividade
CC = conserva cultural (ou qualquer outra conserva; p. ex., uma conserva biológica, ou seja, um organismo animal; ou outra conserva cultural, isto é, um livro, um filme, um robô ou uma calculadora).
A = aquecimento (a expressão operacional da espontaneidade)

O diagrama proposto por ele está na página anterior. Em seguida, Moreno descreve em detalhe como funciona o que ele chama de "campo de operações rotativas" (na tradução de 1992) ou "campo da circularidade operacional" (na de 2008) "entre Espontaneidade – Criatividade – Conserva cultural (E-C-CC)". Depois de explicar que "o círculo representa o campo de operações de E, C e CC", Moreno sintetiza cada uma das quatro operações:

Operação I: a espontaneidade elicia [desperta] a criatividade. E – C.
Operação II: a criatividade é receptiva à espontaneidade. E – C.
Operação III: de sua interação resultam as conservas culturais. E – C – CC.
Operação IV: as conservas se acumulariam indefinidamente e permaneceriam numa "câmara fria". Precisam renascer, o catalisador Espontaneidade as revitaliza. CC – E – CC.
'E' não funciona no vácuo, movendo-se ora na direção da criatividade, ora na direção das conservas.
Operação total
Espontaneidade – Criatividade – Aquecimento – Ato $\langle$ ator / conserva

(Moreno, 2008, p. 60)

— *E onde entra a tal curiosidade?*

A proposta aqui é incluir no diagrama o fator Curiosidade (C1) somado ao fator E, tomando C1 também como catalisador. Onde entra um fator, entra o outro. Passaremos a ter então, à esquerda, um diagrama ligeiramente modificado (ver p. 172)

Já à direita, vale a pena registrar uma versão criativa do cânon moreniano, apresentada em 2023 pela psicóloga e psicodramatista Mariana Kawazoe como ilustração de um de seus textos semanais. A partir do tema "E quando as ideias acabam?", Mariana retoma

CÂNON DA CRIATIVIDADE
Espontaneidade – Curiosidade – Criatividade – Conserva

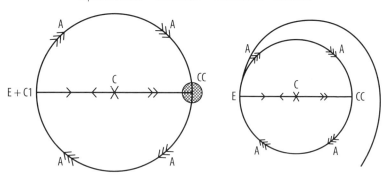

resumidamente as ideias de Moreno e observa: "Esse processo é um ciclo sem fim e pode partir do zero, assim como de alguma conserva". Ao final do texto, a psicóloga revela sua preocupação quanto ao que escreverá na semana seguinte, conclamando: "Se vocês me derem sugestões, vou achar ótimo! Ajudem aí, por favor!" (Kawazoe, 2023). Até o momento em que consultei o blogue, em 4 de abril de 2024, Mariana não tinha recebido nenhum comentário. Aqui vai um: "Confie mesmo na sua curiosidade".

Concluindo: se levarmos em conta não apenas a natureza do psicodrama como ciência e arte, mas também a concepção moreniana de "cocriadores do universo", além de sua afirmação de que "o universo é criatividade infinita" (2008, p. 59), será mais fácil encaminhar ao criador do psicodrama moderno uma pergunta final:

— E aí, doutor Moreno, podemos considerar a curiosidade o terceiro fator?

Quanto à resposta, quem sobreviver ouvirá.

Referências

ARISTÓTELES. *Metafísica. Livro I.* Tradução Leonel Vallandro. Porto Alegre: Globo, 1969.
BALL, P. *Curiosity — How science became interested in everything.* Chicago/Londres: The University of Chicago Press, 2012.
BERLYNE, D. *Conflict, arousal and curiosity.* Nova York: McGraw Hill, 1960.
BISCHOF, L. J. "Recidivism and role playing". *J. L Moreno Collection.* Boston: Harvard, s/d.
_____. *Interpreting personality theories.* Nova York: Harper & Row, 1970.
BLATNER, A. "A historical chronology of group psychotherapy and psychodrama". Página pessoal. 23. Jul. 2007. Disponível em: http://www.blatner.com/adam/pdntbk/hxgrprx.htm. Acesso em 18 jun. 2024.
BOGOUSSLAVSKY, J.; WALUSINSKI, O. "Paul Sollier — The first clinical neuropsychologist". In: *Following Charcot — A forgotten history of neurology and psychiatry.* Basileia: Karger, 2011.
CENSUS, 1953. United States Census Bureau. Disponível em: https://www2.census.gov/library/publications/1953/demographics/P25-82.pdf. Acesso em: 18 jun. 2024.
CÍCERO, M. T. *Tratados filosóficos.* Lisboa: Fundação Calouste Gulbenkian, 2018.
CLAPARÈDE, E. "Préface". In: PIAGET, J. *Le langage et la pensée chez l'enfant.* Neuchâtel: Delachaux et Niestlé,1923.
"CURIOSITY". Merriam-Webster.com, s/d. Disponível em: https://www.merriam-webster.com/dictionary/curiosity. Acesso em: 18 jun. 2024.
"CREATIVITY". Britannica.com, s/d. Disponível em: https://www.britannica.com/topic/creativity. Acesso em: 18 jun. 2024.
DARWIN, C. *The expression of the emotions in man and animals.* Londres: John Murray, 1872.
EADMER, M. C. *Liber De Sancti Anselmi Similitudinibus.* s/d. Disponível em: https://acesse.dev/M4M4Z. Acesso em: 18 jun. 2024.
"EDOUARD Claparède". Britannica.com, s/d. Disponível em: https://www.britannica.com/biography/Edouard-Claparede. Acesso em: 16 jun. 2024.

Freire, P. *Acción cultural para la libertad*. Santiago: Icira, 1968.
_____. *A educação na cidade*. São Paulo: Cortez, 1991.
_____. *Cartas a Cristina*. São Paulo: Paz e Terra, 1994.
Freire, P.; Faundez, A. *Por una pedagogía de la pregunta — Crítica a una educación basada en respuestas a preguntas inexistentes*. Buenos Aires: Siglo Veintiuno, 2013.
Freire, P.; Guimarães, S. *Partir da infância — Diálogos sobre educação*. São Paulo: Paz e Terra, 2022.
Freitas, A. L. S. "Curiosidade epistemológica". In: Streck, D., Redin, E.; Zitkoski, J. J. (orgs.). *Dicionário Paulo Freire*. Belo Horizonte/São Paulo: Autêntica, 2010.
Freud, S. Analyse der Phobie eines fünfjährigen Knaben [Análise da fobia de um menino de cinco anos]. 1909. Disponível em: https://www.projekt-gutenberg.org/freud/5jaehrig/5jaehrig.html. Acesso em: 2 jul. 2024.
_____. Bemerkungen über einen Fall von Zwangsneurose [A propósito de um caso de neurose obsessiva]. In: *Gesammelte Werke — fünfter band — Werke aus den Jahren* 1904-1905 [Obras completas, tomo V, obras dos anos 1904-1905], 1966.
_____. "Três ensaios sobre a teoria da sexualidade" (1905). Rio de Janeiro: Imago, 1995. (Edição standard brasileira das obras psicológicas completas de Sigmund Freud).
_____. "Análisis de la fobia de un niño de cinco años". In: *Obras completas*, volume X. Buenos Aires/Madri: Amorrortu, 1980.
_____. "Personajes psicopáticos en el teatro". In: *Obras Completas*, tomo II, 4. ed. Madri: Biblioteca Nueva, 1981.
"Georg Kerschensteiner". Britannica.com, s/d. Disponível em: https://www.britannica.com/biography/Georg-Kerschensteiner. Acesso em: 19 jun. 2024.
Greenberg, I. A. *Psychodrama and audience attitude change — A social psychology study with implications for the clinical, counselling, educational and industrial psychologist*. Beverly Hills: Behavioral Studies Press, 1968.
Guimarães, S. *Moreno, o mestre — Origem e desenvolvimento do psicodrama como método de mudança psicossocial*. São Paulo: Ágora, 2020.
_____. *O psicodrama antes e depois de Moreno — Dos gregos antigos à internet*. São Paulo: Ágora, 2022.
Hare, P. "Bibliography of work of J. L. Moreno". *Journal of Group Psychotherapy, Psychodrama and Sociometry*. v. 39, n. 3, p. 95-128, 1986a.
_____. "Moreno's contribution to social psychology". *Journal of Group Psychotherapy, Psychodrama and Sociometry*, v. 39, n. 3, p. 85-94, 1986b.
Hare, A. P.; Hare, J. R. *J. L. Moreno*. Londres: Sage, 1966.
Houaiss, A. *Dicionário Houaiss da língua portuguesa*. Rio de Janeiro: Objetiva, 2009.
"Impromptu plan used in education" *The New York Times*, 3 fev. 1929, p. 138.
Jacob, A. *La curiosité — Éthologie et psychologie*. Sprimont: Mandaga, 2002.
James, W. *The principles of psychology*. Nova York: H. Holt, 1905, v. 2.

JOHNSON, P. E. (org.). *Healer of the mind — A psychiatrist's search for faith.* Nashville: Abingdon Press, 1972.

KARP, M.; HOLMES, P.; TAUVON, K. B. *The handbook of psychodrama.* Londres: Routledge, 1998.

KASHDAN, T. *Curious? Discover the missing ingredient of a fulfilling life.* Nova York: Harper, 2010.

KAWAZOE, M. "E quando as ideias acabam?" Blog pessoal, 2023. Disponível em: https://www.marianakawazoe.com.br/e-quando-as-ideias-acabam/. Acesso em: 19 jun. 2024.

KAYIR, A. "Trainee's anxiety to direct — Supervision as a journey from anxiety to curiosity". In: KRALL, H.; FÜRST, J.; FONTAINE, P. (orgs.). *Supervision in psychodrama — Experiential learning in psychotherapy and training.* Wiesbaden: Springer, 2013.

KELLERMANN, P. F. *Focus on psychodrama — The therapeutic aspects of psychodrama.* Londres/Filadélfia: Kingsley, 2006.

KIPPER, D. A. *Psychotherapy through clinical role playing.* Nova York: Brunner/Mazel, 1986.

KIPPER, D. A.; RITCHIE, T. D. "The effectiveness of psychodramatic techniques — A meta-analysis". *Group Dynamics: Theory, Research, and Practice,* v. 7, n. 1, p. 13-25, 2003.

KLEIN, M. "Early stages of the Oedipus conflict". In: RUITENBEEK, H. M. (org.). *Psychoanalysis and male sexuality.* New Haven: College & University Press, 1966, p. 68-82.

KRAUS, C.; CLUSE, J. (orgs.). *Jacob Levy Moreno (1889-1974) — An inventory of his correspondence, manuscripts, and related materials in the Francis A. Countway Library of Medicine.* Boston: Harvard University, 1986.

KREITLER, H.; KREITLER, S. "Validation of psychodramatic behaviour against behaviour in life". *The British Journal of Medical Psychology,* v. 41, n. 2, p. 185-92, 1968.

LACAN, J. *Otros escritos.* Buenos Aires: Paidós, 2016.

LANGENSCHEIDT Taschenwörterbuch Spanisch. Berlim/Munique: Langenscheidt, 2002.

LAZAR, G. H. *Psychodrama — The world, the practice, the project.* Cambridge: Harvard University Press, 2012.

LESLIE, I. *Curious — The desire to know and why your future depend on it.* Londres: Quercus, 2014.

LEVY, J. *Invitación a un encuentro, cuaderno I.* Buenos Aires: SG, 2014.

LOEWENSTEIN, G. "The psychology of curiosity — A review and reinterpretation". *Psychological Bulletin,* v. 116, n. 1, p. 75-98, 1994.

MACDONALD, M. A. "Psychodrama explores a private world". *Sociatry,* v. 1, n. 1, p. 97-118, mar. 1947.

MANGUEL, A. *Curiosity.* Yale: Yale University Press, 2015.

Mann, J. "Evaluation of group psychotherapy — A review in evidence". In: Moreno, J. L. (org.). *The international handbook of group psychotherapy*. Nova York: Philosophical Library, 1966, p. 129-148.

_____. *The present status of psychodramatic research*. Washington D.C.: APA, 1970.

Marineau, R. *Jacob Levy Moreno 1889-1974 — Pai do psicodrama, da sociometria e da psicoterapia de grupo*. São Paulo: Ágora, 1992.

_____. *J. L. Moreno — Su biografía*. Buenos Aires: Lúmen-Hormé, 1995.

_____. "A integração da herança de Moreno". *Revista Brasileira de Psicodrama*, v. 21, n. 1, p. 113-125, 2013.

Maslow, A. "Letter to the editor". *Life*, 2 ago. 1968, p. 15. Disponível em: https://encurtador.com.br/xwsww. Acesso em: 19 jun. 2024.

McLean, L. "Psychotherapy for Houston police". *Ebony*, out. 1968, p. 76-82.

Meerheimb, R. *Psychodramen — Material für den rhetorisch-deklamatorischen Vortrag*. Leipzig: Drum und Verlag von Philipp Reclam, 1888.

Michaelis 2000 — *Moderno dicionário da língua portuguesa*. São Paulo: Melhoramentos/Reader's Digest, 2000.

Monod, M. "First French experience with psychodrama". *Sociatry*, vol. I, n. 4, p. 400-403, mar. 1948.

Moreno, J. D. *Impromptu man — J. L. Moreno and the origins of psychodrama, encounter culture, and the social network*. Nova York: Bellevue Literary Press, 2014.

_____. *Impromptu man — J. L. Moreno e as origens do psicodrama, da cultura do encontro e das redes sociais*. Tradução de Yvette Datner. São Paulo: Febrap, 2016.

Moreno, J. L. *Autobiography of a genius — Plans, outlines, introductory matter for various versions*. Caixa 96, pastas 1572-1587. Boston: Harvard University, s/d.

_____. *The king of the hippies or the cosmic man*. Unpublished works, caixa 97, pasta 1588, 215 p. Boston: Harvard University, s/d.

_____. *Impromptu vs. standardization*. Nova York: Moreno Laboratories, 1929.

_____. "Inter-personal therapy and the psychopathology of inter-personal relations". *Sociometry — A Journal of Inter-Personal Relations*, v. 1, n. 1-2, p. 9-76, jul.-out. 1937.

_____. "Le psychodrame et la psychothérapie des groupes — Psychodrame d'un mariage". *Les Temps Modernes*, n. 59-60, set.-out. 1950.

_____. 1952 correspondence with Bruce Chapman and contract re television series. Caixa 2, pasta 24. Boston: Harvard University, 1952.

_____. "Philosophy of the here and now". *Unpublished works*, caixa 95, pastas 1562--1571. Boston: Harvard University, 1952-1953.

_____. *Who shall survive? — Foundations of sociometry, group psychotherapy and sociodrama*. 2. ed. Beacon: Beacon House, 1953.

_____. *Preludes to my autobiography*. Beacon: Beacon House, 1955.

_____. Manuscript materials for JLM contribution, Psychiatric Encounter in the Soviet Union. Caixa 82, pasta 1353. Boston: Harvard University, 1960.

_____. *Psicoterapia de grupo y psicodrama*. México: Fondo de Cultura Económica, 1966.

_____. 1967 letter to pres. Lyndon B. Johnson and others re Vietnam War. Caixa 112, pasta 1874. Boston: Harvard University, 1967.

_____. "Introduction — Comments on the development of a movement. In: GREENBERG, I. A. (org.). *Psychodrama and audience attitude change*. Beverly Hills: Thyrsus, 1968a.

_____. "The validity of psychodrama". *Group Psychotherapy*, v. 21, n. 1, mar. 1968b.

_____. *Autobiography of a genius*. Manuscrito inédito. Amherst: Zerka T. Moreno Foundation, 1974.

_____. *Psychodrama — First volume*. 5. ed. Nova York: Beacon House, 1977.

_____. *The autobiography of J. L. Moreno, M. D.* Manuscrito. Arquivos de René Marineau, 1985.

_____. *The autobiography of J. L. Moreno, M. D. (abridged)*. Washington: Heldref, 1989.

_____. *Quem sobreviverá? — Fundamentos da sociometria, psicoterapia de grupo e sociodrama*. Goiânia: Dimensão, 1992.

_____. *Psicodrama*. São Paulo: Cultrix, 1993.

_____. *Quem sobreviverá? — Fundamentos da sociometria, da psicoterapia de grupo e do sociodrama*. São Paulo: Daimon, 2008.

_____. *Preludes to my autobiography*. Greater Manchester: North-West Psychodrama Association, 2012.

_____. *Autobiografia*. São Paulo: Ágora, 2014.

_____. *Autobiography of a genius*. Greater Manchester: The North-West Psychodrama Association, 2019.

MORENO, J. L. (org.). *The international handbook of group psychotherapy*. Nova York: Philosophical Library, 1966.

MORENO, J. L.; MORENO, Z. T. *Psychodrama, third volume — Action therapy and principles of practice*. Beacon, Nova York: Beacon House, 1975.

MORENO, Z. T. "A survey of psychodramatic techniques". *Group Psychotherapy*, v. 12, n. 1, p. 5-14, mar. 1959.

_____. "Psychodramatic rules, techniques, and adjunctive methods". *Group Psychotherapy*, v. 18, p. 73-86, 1965.

_____. "The seminal mind of J. L. Moreno and his influence upon the present generation". *International Journal of Sociometry and Sociatry*, v. 4-5, p. 145-156, 1966.

_____. "Moreneans — The heretics of yesterday are the orthodoxy of today". *Group Psychotherapy*, v. XVIII, n. 1-2, p. 73-86, 1969.

_____. *The quintessential Zerka — Writings by Zerka Toeman Moreno on psychodrama, sociometry and group psychotherapy*. Londres/Nova York: Routledge, 2006.

_____. *To dream again — A memoir*. Catskill: Mental Health Resources, 2012.

ORKIBI, H.; FENIGER-SCHAAL, R. *Integrative systematic review of psychodrama psychotherapy research — Trends and methodological implications*. Los Angeles: Public Library of Science, 2019.

ORKIBI, H. et al. "Effectiveness of drama-based therapies on mental health outcomes — A systematic review and meta-analysis of controlled studies". *Psychology of Aesthetics, Creativity, and the Arts* [online], 27 abr. 2023.

PIAGET, J. *Le langage et la pensée chez l'enfant*. Neuchâtel: Delachaux et Niestlé, 1923a.

_____. "La pensée symbolique et la pensée de l'enfant". *Archives de Psychologie*, v. 18, 1923b, p. 275-304.

_____. "Les méthodes nouvelles — Leurs bases psychologiques". In: *Encyclopédie Française*, t. 15, fasc. 28, p. 1-13, 1939.

_____. "Le jeu et l'hygiène mentale chez l'enfant". In: *L'hygiène mentale des enfants et adolescents*. Neuchâtel: Delachaux et Niestlé, 1943.

_____. *Le droit à l'éducation dans le monde actuel*. Paris: Unesco, 1949.

_____. "L'éducation artistique et la psychologie de l'enfant". In: ZIEGFELD, E. *Art et éducation — Recueil d'essais*. Paris: Unesco, 1954.

_____. "La portée psychologique et épistémologique des essais néo-hulliens de D. Berlyne". In: *Études d'épistémologie Génétique*. Paris: PUF, 1960. v. XII.

PISULA, W. *Curiosity and information seeking in animal and human behavior*. Flórida: Brown Walker Press, 2009.

PLUTARCO. *Plutarch's moralia on curiosity*. Londres: William Heinemann, 1939.

QUEYRAT. F. *La curiosité — Étude de psychologie appliquée*. Paris: F. Alcan, 1911.

REAL ACADEMIA ESPAÑOLA (RAE). *Diccionario de la lengua española*. 22. ed. Madri: Era, 2001.

ROSELLINI, R. A.; WIDMAN, D. R. "Prior exposure to stress reduces the diversity of exploratory behavior of novel objects in the rat (*Rattus norvegicus*)". *Journal of Comparative Psychology*, v. 103, n. 4, p. 339–346, 1989.

SANTO AGOSTINHO. *Confissões de Santo Agostinho*. Barueri: Garnier, 2023.

SÊNECA, L. A. *Sobre a brevidade da vida*. Porto Alegre: L&PM, 2006.

_____. *Da vida retirada*. Porto Alegre: L&PM, 2011.

SENE-COSTA, E. M. et al. "Psicoterapia psicodramática combinada ao tratamento medicamentoso no transtorno depressivo maior — Um estudo aberto e naturalístico". *Brazilian Journal of Psychiatry*, São Paulo, v. 28, n. 1, p. 40-43, 2006.

SPILLIUS, E. B. et al. *The new dictionary of Kleinian thought*. Nova York: Routledge, 2011.

SPINKA, M.; NEWBERRY, R. C.; BEKOFF, M. "Mammalian play — Training for the unexpected". *Quarterly Review of Biology*, p. 141-168, 2001.

SPROESSER, E. *et al.* "The effect of psychotherapy in patients with PD — A controlled study". *Parkinsonism & Related Disorders Journal*, v. 16, n. 4, p. 298-300, maio 2010.

STEIN, S. "They may trace you back right on the video screen". *The Washington Post*, 22 abr. 1953.

STRECK, D.; REDIN, E.; ZITKOSKI, J. J. (orgs.). *Dicionário Paulo Freire*. Belo Horizonte/São Paulo: Autêntica, 2010.

"THOMAS BOWDLER". Brittanica.com, s/d. Disponível em: https://www.britannica.com/biography/Thomas-Bowdler. Acesso em : 18 jun. 2024.

TOEMAN, Z. "History of the sociometric movement in headlines". *Sociometry, a Journal of Inter-Personal Relations*, v. 12, n. 1-3, p. 255-259, 1949.

UQTR (Université du Québec à Trois-Rivières). *Psychodrama in action (in the 1960s)*, disco 3, [DVD], 54 minutos. São Francisco: Psychoteraphy.net, 2003a.

_____. *Psychodrama of a marriage — A motion picture*, disco 4, [DVD], 121 minutos. San Francisco: Psychotherapy.net, 2003b.

WIESER, M. "Studies on treatment effects of psychodrama psychotherapy". In: BAIM, C.; BURMEISTER, J.; MACIEL, M. (org.). *Psychodrama — Advances in theory and practice*. Londres: Routledge, 2013.

WIESER, M.; FONTAINE, P.; TESZÁRY, J. "Scientific validation of psychodrama therapy". Fepto.com, s/d.

YABLONSKY, L. *Psychodrama — Resolving emotional problems through role playing*. Nova York: Basic Books, 1976.

leia também

MORENO, O MESTRE
Origem e desenvolvimento do psicodrama como método de mudança psicossocial
Sérgio Guimarães

Imagine seguir Jacob Levy Moreno desde a infância em Bucareste, na Romênia, passando pela adolescência e juventude em Viena, até chegar aos Estados Unidos e girar pelo mundo. É essa a proeza de Sérgio Guimarães neste livro. Fruto de anos de pesquisa, a obra refaz os passos de Moreno e explica o surgimento e a consolidação das bases, dos conceitos e das técnicas criados pelo pai do psicodrama. Escrita em linguagem acessível, trata-se, enfim, de uma biografia tanto de Moreno quanto de seu método de transformação psicológica e social – que vai muito além da terapia, envolvendo campos tão diferentes quanto o ensino, a saúde, as instituições e o mundo empresarial.

ISBN: 978-85-7183-262-6

O PSICODRAMA ANTES E DEPOIS DE MORENO
Dos gregos antigos à internet
Sérgio Guimarães

Neste livro, Guimarães investiga as raízes da improvisação, do teatro terapêutico e do próprio psicodrama. Para tanto, começa na Grécia Antiga, voltando 2.400 anos no tempo, passando pela *commedia dell'arte* e pelo teatro moderno. Também faz incursões pela medicina e pela literatura, mostrando como Moreno criou sua metodologia e influenciou, de maneiras diversas, várias correntes psicoterápicas. O autor examina ainda os desdobramentos do psicodrama no Brasil, a convergência entre o pensamento de Moreno e o de Paulo Freire e a entrada em cena do psicodrama digital, posto em prática durante a pandemia de Covid-19.

ISBN: 978-85-7183-313-5

www.gruposummus.com.br